Petra Wüst
Sei frech, wild und wunderbar

Petra Wüst

Sei frech, wild und wunderbar

12 mutige Schritte für Frauen, die mehr wollen

orell füssli Verlag

Lektorat: Esther Hürlimann
Korrektorat: Thomas Reichert
Umschlaggestaltung und Motiv: Hauptmann & Kompanie Werbeagentur, Zürich
Druck: fgb • freiburger graphische betriebe, Freiburg

ISBN 978-3-280-05538-0

Die Deutsche Nationalbibliothek verzeichnet diese Publikation in der Deutschen Nationalbibliografie; detaillierte bibliografische Daten sind im Internet über http://dnb.d-nb.de abrufbar.

MIX
Papier aus verantwortungsvollen Quellen
FSC
www.fsc.org
FSC® C106847

Inhaltsverzeichnis

Vorwort

Auf meinem Schreibtisch liegt eine Postkarte. Sie zeigt ein kleines Mädchen mit abstehenden Zöpfen, das sich mit Farbstiften Sommersprossen aufs Gesicht gemalt hat und keck die Zunge rausstreckt. Eine Anspielung auf Pippi Langstrumpf. Darüber steht ein Zitat von Astrid Lindgren:

. . . .

»Lass dich nicht unterkriegen.
Sei frech und wild und wunderbar.«

. . . .

Dieses Zitat begleitet mich seit Jahren und inspiriert mich in meiner Arbeit mit Frauen immer wieder aufs Neue. Denn ich spüre bei vielen Frauen eine tiefe Sehnsucht nach dem frechen, wilden Mädchen, das sie so gerne wären. Und nach der wunderbaren Frau, die unentdeckt in ihnen schlummert.

Wenn sich eine Kundin oder Kollegin in einer schwierigen Situation befindet, in der ihr der Mut fehlt, sich für ihre Wünsche einzusetzen oder gegen Widerstände anzukämpfen, schicke ich ihr eine solche Karte mit ein paar aufmunternden Worten. Die Reaktionen sind immer ähnlich: Die Frauen behalten die Karte als Erinnerung und nehmen sie zur Hand, wenn Sie eine Aufmunterung nötig haben. Das Zitat auf der

Karte und das freche kleine Mädchen, das in uns allen steckt, sprechen sie an.

Auch Sie, liebe Leserin, haben sich offenbar von diesen Worten angesprochen gefühlt und das Buch gekauft. Ich habe mich beim Verlag sehr für diesen Titel eingesetzt und wurde dabei tatkräftig von meiner Lektorin Esther Hürlimann unterstützt. Es ist ganz klar ein Frauentitel – es käme wohl kaum ein Mann auf die Idee, frech, wild und wunderbar könnten für ihn erstrebenswerte Eigenschaften sein. Für uns Frauen sind es jedoch geradezu magische Worte. Sie drücken aus, wonach wir uns tief in unserem Herzen sehnen: nach einem erfüllten, eigenständigen Leben, das wir beherzt und gleichzeitig spielerisch anpacken. Ein Leben, in dem wir uns wohl fühlen, das uns Spaß macht, in dem wir unsere Wünsche verwirklichen und unsere Talente selbstbewusst entfalten können. Ohne Reue, ohne schlechtes Gewissen, ohne Angst, die Zuneigung geliebter Menschen zu verlieren.

Nicht obwohl, sondern gerade weil

Der Titel verbindet zwei in unserer Empfindung gegensätzliche Elemente: Mut und Durchsetzungskraft zum einen, Lockerheit, Neugierde und Weiblichkeit zum anderen.

Ich bin überzeugt, dass wir wunderbar sein können – nicht obwohl, sondern gerade weil wir frech und wild sind: eine Aussage, die traditionellen Vorstellungen widerspricht. Denn Frauen sind nicht frech und wild, Frauen sind nett und angepasst. Und gerade aus diesen traditionellen Rollenbildern wollen viele Frauen ausbrechen, haben jedoch noch keinen Weg gefunden, dies auf eine beglückende und entspannte – eben wunderbare – Art zu tun.

Leider gelten Frauen, die unbeirrt ihren eigenen Weg gehen und sich selbstbewusst durchsetzen, sogar in der Vorstellung von uns Frauen schnell als verbissen oder zickig. Und so wollen wir nicht sein! Und so wollen wir schon gar nicht rüberkommen.

Wir müssen deshalb einen Weg suchen, der uns zu all den Dingen führt, die wir uns wünschen, ohne dass wir uns dabei als verkrampft oder gehetzt erleben. Ja, wir wollen nach den Sternen im Himmel greifen, ohne naiv zu sein. Ja, wir wollen aus unseren Ressourcen schöpfen, aber nicht in alte Muster fallen. Ja, wir wollen mutig sein und etwas Neues ausprobieren, aber dabei doch im Einklang mit uns selbst bleiben. Wir suchen den Weg einer modernen Frau, die ihre Talente und Ressourcen kennt, ihre Träume und Wünsche ernst nimmt und bereit ist, sich für diese einzusetzen. Mutig, lustvoll und mit einer gehörigen Prise Humor und Weiblichkeit.

Schreiben Sie Ihre Geschichte neu

In meiner Tätigkeit als Coach und Trainerin arbeite ich seit vielen Jahren mit verschiedenen Frauen zusammen. Mit Managerinnen, Fachexpertinnen, berufstätigen Müttern, Wiedereinsteigerinnen, Studentinnen. Dabei werde ich immer wieder mit den Wünschen, Fragen und Ängsten dieser Frauen konfrontiert. Die Erkenntnisse aus diesen Gesprächen decken sich mit meinen eigenen persönlichen Erfahrungen als Frau. Auch wenn jedes Frauenleben einzigartig ist, lassen sich doch deutlich Gemeinsamkeiten erkennen. Frauen haben in ihrem Leben oftmals ähnliche Sehnsüchte und Bedürfnisse. Und es sind immer ähnliche Ansprüche, Erwartungen, Denk- und Verhaltensweisen, die den Frauen das Leben vergällen und sie an ihrer Entfaltung hindern. Daran haben leider alle großen Entwicklungen der letzten Jahrzehnte – inkl. Emanzipationsbewegung – wenig geändert.

Es ist wichtig, diese Muster zu erkennen, um herauszufinden, warum so viele Frauen mit den gleichen Schwierigkeiten kämpfen. Mit diesem Wissen können wir Hindernisse aus dem Weg räumen und Lösungen und Wege finden, die angestrebten Veränderungen zu bewirken.

Deshalb sind auch die Erlebnisse von Michelle, Helen, Elli und Angela – den Hauptpersonen dieses Buches – keine reine Erfindung, sondern »fiktionalisiert«. Das heißt, ich habe typische Frauen-Situationen, die mir Kundinnen oder Freundinnen erzählt haben, zu einer Geschichte zusammengefügt. Daraus sind Szenen entstanden, die sich vielleicht nicht genau so abgespielt haben, die aber durchaus ähnlich abgelaufen sind oder hätten ablaufen können.

Bestimmt haben Sie sich auch schon dabei ertappt, wie Sie in eine der typischen »Frauenfallen« getreten sind. Beispielsweise, dass Sie sich selbst zu wenig wichtig genommen haben, dass Sie sich nicht gegen eine Zumutung gewehrt haben oder dass Sie ein schlechtes Gewissen haben, wenn Sie sich etwas Schönes gönnen. Deshalb bin ich sicher, dass auch Sie sich in dieser Erzählung wiederfinden.

Sie finden im Buch zudem viele Anregungen, Tipps und Übungen. Wenn Sie Ihre Überlegungen aufschreiben, können Sie deren Nutzen verstärken. Sie können die Ergebnisse in einer Notiz- oder Foto-App wie »Onenote« oder »Evernote« festhalten. Das Praktische daran: Diese lassen sich von verschiedenen Geräten aus bearbeiten. Oder kaufen Sie sich ein schönes Notizbuch, in dem Sie Ihre Gedanken festhalten.

Der Aufwand lohnt sich. Denn bekanntlich werden Ziele, die schriftlich formuliert sind, viel eher erreicht als Ziele, die wir nur im Hinterkopf mit uns herumtragen.

Sei frech, wild und wunderbar! Ich wünsche Ihnen, dass dieses Buches Ihnen einen spürbaren Impuls für Ihre Lebensgestaltung gibt. Dass Sie sich in Richtung eines erfüllten, eigenständigen Lebens bewegen, in dem Sie sich neu entdecken, Ihre Talente entfalten – und das leben, was Sie sein wollen und können.

Falls Sie auf Ihrem Weg Unterstützung brauchen, mir Ihre eigenen Erlebnisse kurz schildern oder sich mit mir wegen Gedanken zum Buch austauschen möchten, finden Sie unten meine Kontaktdaten. Ich freue mich auf Sie.

Ich wünsche Ihnen eine interessant Lektüre und viel Freude und Erfolg auf Ihrem weiteren Weg.

Ihre
Petra Wüst

Homepage www.wuest-consulting.ch
Mail   info@wuest-consulting.ch

Das war's!

Elli schaut ungläubig auf die Mail mit dem Betreff »Das war's!«, die sie soeben geöffnet hat. Im Textfeld steht in 18er-Schrift, fett und rot:

Einladung zu meiner Scheidungsparty
Leider verläuft das Leben nicht immer so, wie wir es uns wünschen. Stefan und ich haben uns deshalb entschlossen, getrennte Wege zu gehen.
Was mit einem rauschenden Fest vor 13 Jahren begann, möchte ich mit einem würdigen Fest zum Abschluss bringen. Damit möchte ich die trüben Tage hinter mir lassen und mich gemeinsam mit dir auf meine Zukunft einstimmen. Es würde mich sehr freuen, wenn du bei meinem Neustart dabei bist.
Wann: Samstag, 18. Mai
Wo: Saal Hotel Krone
Kleidung: festlich
Herzliche Grüße, ich freue mich auf dich,
Michelle

»Eine Scheidungsparty«, denkt Elli, »was ist das denn?« Ach ja, sie hatte schon einmal davon gelesen, ein neuer Trend aus den USA. Geschiedene feiern ihre Trennung mit einem Fest – ähnlich einem Hochzeitsfest. Nur feiern sie diesmal nicht als Paar, sondern allein. Einige Frauen sollen dabei sogar ihr Brautkleid nochmals anziehen.

»Naja, das geht wohl nur, wenn man noch reinpasst – nach all den Jahren«, denkt sie.

Elli weiß nicht so recht, was sie von der Einladung halten soll. Doch noch viel mehr irritiert sie die Tatsache, dass Michelle sich scheiden lässt. Ausgerechnet Michelle und Stefan! Die schienen so zufrieden in ihrer Beziehung, mit ihrem Sohn, den Jobs. Was da wohl los war?

Noch nie hatten wir Frauen so viele Möglichkeiten. Noch nie waren wir so stark wie heute, so gut ausgebildet, selbstsicher und unabhängig. Und dennoch bleiben wir weit hinter unseren Möglichkeiten zurück. Statt mutig unseren eigenen Weg zu gehen, leben wir das Leben auf vorgespurten, ausgetretenen Pfaden. Das ist schade, denn damit verschwenden wir die Errungenschaften, die wir uns so mühsam erarbeitet haben.

Noch vor wenigen Jahrzehnten war der Lebensentwurf einer Frau klar vorgezeichnet. Familie und Gesellschaft gaben die großen Entscheidungen vor und bestimmten, welchen Beruf eine Tochter ergreift, wen sie heiratet, wo sie lebt. Inzwischen sind viele Konventionen gesprengt, wir sind aus dem Korsett festgelegter Lebensläufe befreit und können unser Leben entsprechend unseren persönlichen Bedürfnissen gestalten.

Der von der Frauenbewegung in den 60er Jahren initiierte Rollenwandel und die rasante Verbreitung der modernen Kommunikationstechnologien bewirkten ein neues Selbstverständnis der Geschlechter und revolutionierten die alten Rollen. Mit weitreichenden Folgen: Die Lebensgestaltung von Frauen und Männern gleicht sich immer mehr an; unsere Stellung in der Welt wird nicht mehr von unserem Geschlecht bestimmt. Frauen besitzen die gleichen Rechte wie Männer, werden Chirurgin, Kfz-Mechatronikerin und Kanzlerin. Sie sind genauso gut oder sogar noch besser ausgebildet als die Männer, verdienen ihr eigenes Geld, stehen auf eigenen Beinen.

Doch die traditionellen Rollenklischees, die Konventionen und unreflektierten Glaubenssätze, die das Leben vieler Frauengenerationen geprägt haben, wirken nach wie vor. Und viele Frauen sind so darin verstrickt, dass sie sich gar nicht bewusst sind, dass sie die Wahl haben. Dass sie wählen können zwischen einem Leben, das von anderen vorgespurt und abgesegnet wird, und einem selbstbestimmten Leben nach ihren eigenen Regeln.

* *

Wir allein sind für unser Leben verantwortlich.
Und wir allein können uns entscheiden,
unser Leben zu ändern.

* *

Damit wird auch gleich klar: Dieses Buch handelt von Eigenverantwortung. Und damit meine ich, dass wir unser Leben durch unser eigenes Handeln gestalten und dafür verantwortlich sind. Frauen neigen noch immer dazu, nicht sich selbst, sondern andere Menschen oder irgendwelche Umstände für ihre Lebenssituation verantwortlich zu machen. Dies mag in gewisser Hinsicht auch zutreffen. Doch wer sich nur daran festhält, steht sich auch selbst im Weg. Frauen müssen sich daran gewöhnen, dass sie endlich in der Lage sind, ihr Leben in die Hand zu nehmen. Ja, wir können selbst dafür sorgen, dass es uns gut geht, dass wir glücklich und zufrieden sind und dass wir erreichen, was uns wichtig ist.

Als Elli mit ihren Freundinnen Helen und Angela im Hotel Krone ankommt, hat die Party bereits begonnen. Die drei Freundinnen sind in der gleichen Straße zusammen mit Michelle aufgewachsen. Obwohl sich ihre Biografien unterschiedlich entwickelt und sie teilweise nur noch losen Kontakt hatten, verbindet sie immer noch eine gute Freundschaft. Nur Michelle haben sie in den letzten Jahren etwas aus den Augen verloren.

Elli, Angela und Helen setzen sich an ein Bartischchen, von wo aus sie die anderen Gäste beobachten können. Die drei stellen erleichtert fest, dass Michelle nicht ihr Brautkleid angezogen hat. »Das hätte ich übertrieben gefunden«, meint Angela, »und irgendwie deprimierend.«

Helen schüttelt den Kopf. »Von deprimiert kann wirkliche keine Rede sein. Michelle leuchtet geradezu. So entspannt habe ich sie schon lange nicht mehr erlebt.«

»Offen gesagt habe ich gar nicht mitbekommen, dass es mit Stefan nicht mehr gut läuft. Ich dachte immer, wenn jemand es schafft, dann die beiden«, meint Elli nachdenklich und nimmt einen großen Schluck Prosecco. »Aber ich hatte in den letzten Jahren nur noch lose Kontakt mit Michelle, sie hätte mir also auch kaum gesagt, dass etwas nicht stimmt.«

»Michelle war nie eine, die sich in die Karten blicken ließ«, findet Angela, die von den dreien am engsten mit Michelle befreundet ist. »Sie hat nach außen gerne die heile Welt gezeigt und sich als erfolgreich dargestellt. Dass sie jetzt gleich so in die Offensive geht und alle zu ihrer Scheidungsparty einlädt – wow!«

In dem Moment tritt Michelle an das Tischchen der Freundinnen. »Hallo Ladys, amüsiert ihr euch?«

»Aber sicher. Und du? Wie geht es dir?«, fragt Elli neugierig.

»Mir geht's wunderbar«, entgegnet Michelle und prostet in die Runde. »Ich habe es gewagt, und das ist ein tolles Gefühl.«

Lieber Täterin statt Opfer

Michelle hat es gewagt. Sie hat gehandelt. Und hat damit den wichtigsten Schritt gemacht, den es braucht, um Veränderung in ihr Leben zu bringen.

Wenn wir etwas an unserem Leben ändern wollen, müssen wir »vom Opfer zur Täterin« werden, um es mit einem drastischen Bild zu sagen, das den Rollenwandel jedoch treffend beschreibt. Es geht darum, von der Erleidenden zur Tuenden zu werden. Eine agierende Person, die den Gegensatz zur Betroffenen verkörpert, die ohnmächtig zuschaut, statt zu handeln.

Eine Opferhaltung verschafft uns zwar Linderung, da wir unser Unglück nicht noch dadurch vergrößern, dass wir uns die Schuld dafür selbst zuschreiben. Sie bringt uns jedoch nicht weiter, da wir dadurch in einer passiven Rolle verharren. Wenn wir uns als Opfer fühlen und die Schuld anderen zuschieben, geben wir auch die Macht ab über unser Leben. Dann sind wir nicht mehr die Gestalterin unseres Lebens. Wenn wir aber sagen: »Egal, wie es läuft, ich nehme mein Leben selbst in die Hand«, dann empfinden wir uns wieder als kraftvoll und handlungsfähig. Wir warten nicht mehr auf bessere Zeiten oder darauf, dass jemand uns aus unserer misslichen Situation befreit.

• •

*Indem Sie sich **selbst** die Verantwortung für Ihr Glück zuschreiben, verändern Sie Ihre Rolle, werden aktiv und gestalterisch.*

• •

Allen Widerständen zum Trotz

»Wenn das so einfach wäre, hätte ich es doch schon längst gemacht«, wenden Sie nun vielleicht ein. Und Sie haben Recht: Einfach ist anders. Denn ein erfülltes Leben zu leben ist ein großes Ziel. Sie nehmen sich viel vor, wenn Sie glücklich und zufrieden sein möchten. Schon die Frage, was wir im Leben wirklich wollen, was uns tief in unserem Innern erfüllt und glücklich macht, ist komplex und schwierig zu beantworten. Von der Umsetzung ganz zu schweigen. Denn aus dem Gewohnten ausbrechen erfordert immer auch Mut, weil wir kaum etwas so sehr fürchten wie das Neue und Unbekannte.

Wir sind hin und her gerissen. Wir sehnen uns danach, aus der vertrauten Enge auszubrechen, Neues zu wagen und zu entdecken, während wir uns gleichzeitig an das Bekannte klammern und am wohligen Gefühl von Sicherheit, Geborgenheit und Kompetenz festhalten wollen.

Unsere Sehnsüchte und Träume haben mächtige Gegenspieler. Da sind zum einen die traditionellen Überzeugungen und Rollenbilder, die unser Denken nach wie vor beherrschen. Da sind aber auch unsere Ängste, zu versagen und das erhoffte Glück doch nicht zu finden, die uns ausharren lassen. Es kostet viel Mut, sich nicht einfach unterzuordnen, sondern sich neuen Situationen zu stellen, deren Ausgang unklar ist und wo auf Schritt und Tritt Gefahren lauern. Unser Wunsch, Herrin der Situation zu sein, alles unter Kontrolle zu halten und keine bösen Überraschungen zu erleben, ist stark. Es ist ein Risiko, selbst zu denken und zu entscheiden. Und was ist sicherer, als auf die altbekannten, erprobten Regeln zu vertrauen?

Häufig schämen wir uns auch für unsere Sehnsüchte und es beschleichen uns Selbstzweifel und Schuldgefühle, dass unsere

Wünsche irgendwie »verkehrt« sind, dass wir Unrealistisches vom Leben erwarten, den falschen Träumen nachhängen, dass unser Wunsch nach Selbstverwirklichung egoistisch ist und wir kein Recht haben, so etwas vom Leben zu erwarten oder gar zu fordern. Und nicht zu vergessen: Es ist anstrengend, den eigenen Weg zu suchen. Eine Lebensumstellung ist ein Marathon – und wir sind häufig zu bequem, die Strapazen auf uns zu nehmen.

Doch ganz gleich, ob Sie eine erfahrene Frau sind, die einen großen Teil ihres Lebens bereits gelebt hat, oder ob Sie eine junge Frau sind, die das pralle Leben noch vor sich hat:

· ·

Werden Sie sich Ihrer Sehnsüchte bewusst und überdenken Sie Ihre persönlichen Wünsche und Ziele immer wieder neu. Nehmen Sie Ihr Leben in die eigenen Hände – selbstbewusst und kraftvoll.

· ·

Mut zu sich selbst

Nachdem Michelle noch einige Worte mit ihren Freundinnen gewechselt hat, mischt sie sich wieder unter die andern Gäste. Angela hat vom Buffet einen Teller mit Fingerfood geholt und knabbert an einem Stück Parmesan. Gedankenverloren meint sie: »Schade, dass es zwischen Michelle und Stefan nicht mehr geklappt hat. Dabei waren die so ein tolles Paar. Und sie kennen sich auch schon lange, seit der Uni.«

»Ich finde es mutig, dass Michelle sich von Stefan getrennt hat. Jetzt ist sie alleinerziehende Mutter. Das ist kein Zuckerschlecken«, sagt Helen.

»Aber sie hat einen gut bezahlten Job. Finanziell dürfte sie keine Probleme haben«, meint Elli nüchtern. »Vielleicht war das ja auch der Grund für die Trennung. Die beiden haben vielleicht einfach zu viel gearbeitet und da ist die Beziehung auf der Strecke geblieben.«

»Ich weiß nicht, ob ich diesen Mut hätte«, meint Helen, ohne auf Ellis Bemerkung einzugehen. »Das ist doch ein großes Risiko. Woher weiß sie, dass sie nachher glücklicher ist? Womöglich tut ihr das Ganze irgendwann leid. Und was passiert, wenn ihr Sohn ihr diesen Schritt später einmal übel nimmt? Jan ist erst fünf Jahre alt. Er kann das doch noch gar nicht verstehen.«

Elli schüttelt den Kopf. Sie ist ganz offensichtlich anderer Meinung als Helen. »Klar könnte das alles passieren. Aber was nützt es ihr, wenn sie bei einem Mann bleibt, mit dem sie ganz offensichtlich nicht mehr glücklich ist, nur aus Angst, dass sie eine Trennung einmal bereuen könnte? Ich würde das auf keinen Fall machen.«

»Ich finde, Elli hat Recht«, pflichtet Angela bei. »Du darfst in einer solchen Situation nicht nur an die Risiken, sondern musst auch an die Chancen denken. Stell dir vor, du bleibst. Dann verpasst du vielleicht das Glück deines Lebens.«

Seinen Sehnsüchten folgen, ausgetretene Pfade verlassen und Altbekanntes loslassen, alternative Wege suchen, Neues wagen und dabei Grenzen überschreiten: Das verlangt Mut. Mut ist eine treibende Kraft auf unserem Lebensweg. Eine innere Ressource, die uns stark macht und uns hilft, unser Glück zu suchen und uns immer wieder neu zu entdecken.

Mut zeigt sich in ganz unterschiedlicher Form. Es gibt mutige Menschen, die sich im Dienste einer guten Sache lebensbedrohlichen Situationen aussetzen, wie beispielsweise die »Ärzte ohne Grenzen«. Das sind Helden im klassischen Sinn. Auch Menschen, die moralische Stärke beweisen, indem sie auf Ungerechtigkeiten aufmerksam machen, sind mutig. Die Aktivistinnen der Punkrock-Band Pussy Riot zeigen neben viel Aktivität und Kreativität eine Menge Mut, indem sie sich gegen Putins Regime auflehnen. Kinder, die sich schützend vor eine Schulkameradin stellen, die von anderen gehänselt oder ausgegrenzt wird, beweisen moralischen Mut.

Die Vision im Herzen

Mut zeigen wir jedoch nicht nur, wenn wir uns heldenhaft oder ethisch verhalten. Immer wenn wir uns neuen Herausforderungen stellen, indem wir Risiken eingehen, statt am Gewohnten festzuhalten, immer wenn wir uns aufmachen und Hindernisse überwinden, um uns und unseren Wünschen ein Stück näherzukommen, handeln wir mutig.

Mutig bedeutet nicht nur, heldenhaft zu sein, sondern auch authentisch und unverfälscht.

Jeder Mensch trägt eine Art Vision eines gelungenen Lebens in seinem Herzen, nach deren Verwirklichung er sich sehnt. Dies ist das Fundament für neue Lebensentwürfe. Wenn wir dieser Vision folgen, haben wir die Chance, uns näherzukommen, authentischer zu sein. Dabei bezieht sich Authentizität auf drei Bereiche:

- Auf unser Leben. Wir leben authentisch, wenn wir das Leben führen, das wir uns wünschen, und bereit sind, die nötigen Veränderungen herbeizuführen.
- Auf unsere eigene Person. Wir leben authentisch, wenn wir uns mit uns selbst auseinandersetzen, uns dadurch Schritt für Schritt näherkommen und persönliches Wachstum erleben.
- Auf unsere Beziehungen. Wir leben authentisch, wenn wir uns so zeigen, wie wir sind, und von anderen das einfordern, was wir für unsere Zufriedenheit brauchen.

Authentisch leben bedeutet für uns Frauen aber auch, dass wir uns bewusst sind, welche Kraft, welche Schönheit und welches Potenzial in uns stecken – nicht obwohl, sondern gerade weil wir Frauen sind – und welchen Reichtum die »typisch weiblichen« Eigenschaften in unser Leben bringen können. Dass wir unsere Ressourcen entdecken und entfalten und sie nutzen, um uns ein Stück näherzukommen.

. . . .

Was Frauen letztendlich suchen,
ist Mut zu sich selbst und Stolz auf die eigene Identität.

. . . .

Mutige Frauen

Ich habe in meinem Bekanntenkreis viele Frauen, die ihr Leben mit einem mutigen Schritt verändert haben, um authentischer zu leben.

- Ursula hat sich nach 27 Jahren als Verwaltungsangestellte selbstständig gemacht – und das ohne gutsituierten Partner im Hintergrund.
- Tanja, eine alleinstehende Frau, hat ihr Arbeitspensum stark reduziert und nimmt einen einfachen Lebensstandard in Kauf, damit sie ihrer Berufung, dem Malen, nachgehen kann.
- Stefanie hat sich aus einer unbefriedigenden Ehe gelöst und ist gerade dabei, gemeinsam mit ihrem neuen Lebensgefährten in der Camargue eine Stierzucht aufzubauen.
- Inge hat einen interessanten Job aufgegeben, um ihren kranken Mann zu pflegen.
- Antonia hat ihre Lebenspartnerin geheiratet, obwohl ihre Eltern dies vehement ablehnen.
- Sylvie hat einen Job angenommen, bei dem sie häufig vor Publikum sprechen muss – und das, obwohl sie lispelt und deshalb am liebsten schweigt.

Ich finde diese Frauen mutig und inspirierend. Sie haben ihr wohlbehütetes Nest und ihre Komfortzone verlassen und sich auf ein Abenteuer mit ungewissem Ausgang eingelassen. Sie sind in die Mutzone aufgebrochen.

Die Liste ließe sich noch lange fortführen. Denn die Welt ist voller mutiger Frauen – zu denen auch Sie gehören. Daran zweifeln Sie? Dann überlegen Sie sich einmal, in welchen Situationen Sie bereits Mut gezeigt haben:

- Wann habe ich mutig gehandelt?
- Wann habe ich neue Dinge angepackt, mein Leben in eine andere Richtung gelenkt?
- Wann bin ich ein Risiko eingegangen, um ein Ziel zu verwirklichen?
- Wann habe ich mich aufgerafft, um neue Seiten an mir zu entdecken und zu entfalten?

Wo Licht ist, ist auch Schatten

Mutige Veränderungen müssen nicht immer spektakulär sein wie bei den oben genannten Beispielen, sie können auch für Außenstehende fast unbemerkt passieren. Sie finden im Kleinen, Verborgenen statt – in unserem Innern. Es ist mutig, wenn wir beginnen, uns selbst zu hinterfragen, und die treibende Kraft für eine Veränderung nicht in unserem Umfeld, sondern bei uns suchen.

. . . .

Häufig finden die wichtigsten Veränderungen in unserem Leben im Verborgenen statt – in unserem Inneren.

. . . .

Wenn wir authentisch leben wollen, müssen wir auch zu unseren Schattenseiten stehen, indem wir unsere Schwächen und Unzulänglichkeiten erkennen und als Teil unserer Persönlichkeit akzeptieren. Weg von der Forderung, jederzeit perfekt zu sein und keine Fehler machen zu dürfen, hin zu einer realistischen Einschätzung unserer Person.

Das braucht vielleicht am meisten Mut: ehrlich zu sich zu sein und sich mit sich selbst auseinanderzusetzen. Denn persönliche Veränderung birgt das Risiko, dass wir das vertraute tragende Selbst verlieren. Dadurch setzen wir zwar nicht unser Leben aufs Spiel, riskieren jedoch zu scheitern.

Mut braucht Selbstvertrauen

»Was ich richtig mutig finde«, hakt Angela nach einiger Zeit nach, »ist diese Party. Das hätte ich mich nie getraut. Also, wenn meine Ehe scheitert, lade ich bestimmt nicht alle zu einem Fest ein. Dann bleibe ich schön still zu Hause. Auf dass es bloß keiner mitkriegt.«

Helen pflichtet ihr bei: »Ich auch. Das wäre mir unglaublich peinlich. Die Nachbarn, die Verwandten, das ganze Gerede. Meine Eltern würden sich in Grund und Boden schämen und mir Vorwürfe machen. Das würde ich mir nicht antun.«

Alle drei schauen zu Michelle hinüber, die sich gerade angeregt mit einem älteren Paar unterhält.

»Michelle muss sehr selbstbewusst sein, so wie sie das hier durchzieht.« In Helens Stimme schwingt Neid mit.

»Das Gute daran ist auf jeden Fall, dass Michelle so alte Beziehungen auffrischen kann.« Elli zeigt auf die Gäste. Es sind um die 30 Personen, die sich um das Buffet und die Tischchen scharen. »Und dass die alle über sie reden, ist ihr ja wohl klar.«

Wer sich exponiert, läuft Gefahr, sich zu blamieren. Wer sich zu dem bekennt, was er denkt, wird für seine Meinung vielleicht kritisiert. Und wer sich für seine Bedürfnisse einsetzt, wer Forderungen stellt und sich aus Abhängigkeiten befreit, macht sich unter Umständen unbeliebt. Und das ist eine unserer größten Ängste: anzuecken, verletzt oder ausgeschlossen zu werden. Denn wir möchten geschätzt und gemocht werden, wir möchten dazugehören. Deshalb sind wir häufig bereit, uns ruhig zu verhalten und uns unterzuordnen, statt uns selbstbewusst zu zeigen und zu unseren Bedürfnissen und Wünschen zu stehen. Es erfordert Mut, anderen Menschen als gleichwertige Partnerin zu begegnen. Es braucht Mut, der Angst zu trotzen, dass wir unser Gegenüber verärgern oder verletzen könnten und dann nicht mehr geliebt werden oder sogar jemanden verlieren.

Überlegen Sie einmal, in welchen Bereichen Ihres Lebens Sie eine Scheidungsparty – im übertragenen Sinne – organisieren sollten:

* Wo sollte ich etwas ändern? Wovon sollte ich mich trennen? Wozu sollte ich mich vermehrt bekennen – auch und gerade vor anderen Menschen?
* In welchen Situationen bin ich feige und verheimliche meine Gefühle und Bedürfnisse vor den anderen?
* Wo brauche ich mehr Mut, um zu mir und meinen Wünschen zu stehen?

Mutige Frauen sind bereit, sich solchen schwierigen und beängstigenden Situationen zu stellen. Sie sind bereit, sich der Meinung und auch der Kritik anderer auszusetzen und dennoch das zu tun, was sie für richtig halten. Mutige Frauen scheren sich nicht darum, was die Leute sagen. Mutige Frauen gehen ihren eigenen Weg. Mutig sein bedeutet deshalb immer auch, selbstbewusst zu sein.

. . . .

Selbstvertrauen ist die Basis, um mutig handeln zu können.
Ohne Selbstvertrauen sind wir mutlos.

. . . .

Mut bedeutet also nicht nur, dass wir daran glauben, dass wir unser Leben verändern können, sondern auch, dass wir uns zutrauen, mit jedem Ergebnis fertig zu werden. Und zwar selbst dann, wenn uns die Unterstützung aus unserem Umfeld fehlt, wenn die Veränderung misslingt oder uns nicht die Befriedigung gibt, die wir uns erhofft hatten.

1. Schritt: Leben Sie authentisch

 Übernehmen Sie Verantwortung für Ihr Leben. Seien Sei ehrlich zu sich selbst und setzen Sie sich mit Ihren Bedürfnissen und Wünschen auseinander. Verlassen Sie Vertrautes und unternehmen Sie kompromisslos die Schritte, die nötig sind, um Ihren Träumen eine Stück näherzukommen und Ihr Leben in die richtige Richtung zu lenken. Haben Sie den Mut und das Selbstbewusstsein, Ihren eigenen Weg zu gehen – auch wenn Sie deswegen kritisiert werden.

Aufbruch in die Mutzone

Die drei Frauen schauen sich eine Weile schweigend um. Einige Gäste kennen sie noch aus ihrer Jugend, die meisten sind ihnen unbekannt. Die hat Michelle erst später kennengelernt.

Nach einiger Zeit sagt Helen unvermittelt:»Ich glaube, von uns dreien ist Elli die Mutigste.«

»Wie kommst du darauf?«, fragt Elli erstaunt und Angela runzelt die Stirn.

»Na, weil du eine eigene Firma gegründet hast. Und das, obwohl die Wirtschaftslage ja nicht gerade rosig ist und du keinen Mann im Hintergrund hast, der dich finanziell absichert. Das finde ich mutig.«

»Findest du? Mutiger, als zwei Teenager zu erziehen?«, fragt Angela in Anspielung auf ihre zwei pubertierenden Töchter.

Elli ignoriert die Bemerkung. Wenn es um ihre Firma geht, versteht sie keinen Spaß.»Also, ich habe den Schritt in die Selbstständigkeit nie als besonders mutig erlebt. Ich habe ihn ja nicht aus einer Laune heraus gemacht, sondern wohlüberlegt. Ich war mir der Risiken bewusst, ich hatte mich gut vorbereitet und den Schritt gründlich geplant.«

Beim Gedanken an die Anfänge ihrer Internetfirma vor gut fünf Jahren spürt sie ein leichtes Kribbeln im Bauch. Welch eine aufregende Zeit das war! Ein richtiges Abenteuer. Aber es war genauso, wie sie gesagt hatte: Richtig Angst vor dem Versagen hatte sie nie.

Denn die Selbstständigkeit ist immer ihr großer Traum gewesen. Schon als Mädchen wusste sie, dass sie einmal eine eigene Firma haben würde. Damals war ihr noch nicht klar, was sie machen wollte. »Es hätte auch ein Hotel sein können, oder ein Blumenladen«, erzählt sie ihren Freundinnen. »Ich war schon immer beseelt vom Gedanken, etwas Eigenes zu haben. Und so war es für mich absehbar, dass ich trotz meiner Ängste eines Tages handeln werde.«

Was wir selbst als mutig empfinden, ist individuell. Während Elli die Entscheidung, eine eigene Firma zu gründen, nicht als besonders mutig empfindet, käme ein solcher Schritt für Helen nicht infrage. Und so geht es den meisten: Die einen tun Dinge, die andere nie wagen würden, und umgekehrt.

Dass wir häufig zaudern und am liebsten an unserem angestammten Platz in der Komfortzone ausruhen, ist im Grunde auch normal. Unsere Zweifel wollen uns im Grunde nichts Böses, sondern sie sollen uns vor Überforderung und Enttäuschungen bewahren. Sie wollen unser Leben schützen – und machen uns damit oft das Leben schwer. Doch es gibt Möglichkeiten, unsere mutige Seite zu trainieren und uns im Hinblick auf Veränderungen weniger im Wege zu stehen. Dies sind die sieben hilfreichsten Schritte:

1. Finden Sie Ihren Herzenswunsch

Manchmal möchten wir etwas liebend gerne in die Tat umsetzen und tun es trotzdem nicht. Wir finden dann tausend entschuldigende Worte: Der Aufwand ist zu groß. Es ist grad nicht der richtige Zeitpunkt. Etwas anderes ist wichtiger.

Es kann auch sein, dass Sie etwas nicht anpacken, weil andere finden, dass es keine gute Idee ist. Weil Ihre Eltern dagegen sind oder Ihr Partner Sie nicht unterstützen will. Zum Beispiel wenn Sie nach der Babypause wieder arbeiten wollen und Ihr Mann findet, das sei doch nicht nötig. Auf der anderen Seite kann es auch passieren, dass Sie sich zu etwas überreden lassen, worauf Sie gar keine Lust haben. Ein BWL-Studium, wo Sie doch lieber mit Tieren arbeiten würden.

Der Alltagstrott mit seinen fixen Abläufen, unser soziales Umfeld mit seinen festen Vorstellungen – sie halten uns wie ein starker Magnet unverrückbar auf einem Platz fest. Damit unsere Veränderungspläne dennoch klappen, brauchen wir einen Gegenpol. Und das sind große Gefühle.

Wenn Sie mutig handeln wollen, brauchen Sie einen Herzenswunsch, für den sich der Einsatz lohnt. Wenn Ihnen etwas nicht besonders wichtig ist, werden Sie Ausreden finden und Ihr Unterfangen aufschieben. Erst wenn Sie etwas mit einer gehörigen Portion Leidenschaft wollen, wenn Sie für ein Vorhaben brennen, mit Lust und Liebe bei der Sache sind, werden Sie einen Weg finden und die nötige Energie für eine Veränderung aufbringen.

Ob es uns gelingt, ein Vorhaben mit Herzblut und Elan anzupacken und in die Tat umzusetzen, hängt also davon ab, woraus es entspringt: Wer will, dass ich ein Ziel erreiche? Ich selbst – oder jemand anders?

Es gibt zwei Quellen von Motivation:
* Intrinsische Motivation entsteht »von innen heraus«, aus Freude an der Tätigkeit selbst und weil sie als befriedigend erlebt wird. Dies ist die Motivation, aus der Mut zur Veränderung und Tatkraft entspringen. Wenn Tierpflegerin Ihr

absoluter Traumberuf ist, werden Sie die Kraft finden, sich gegen die Wünsche Ihrer Eltern durchzusetzen. Und wenn Ihr Beruf Ihnen große Erfüllung gibt und Sie sich ein Leben ohne Ihren Job nicht vorstellen können, werden Sie auch mit Ihrem Mann einen Weg finden. Elli war »beseelt« vom Gedanken an eine eigene Firma. Dieses Wort drückt bereits aus, dass ihr Wunsch von ganz tief innen kommt.

- Extrinsische Motivation dagegen ist der Wunsch, bestimmte Dinge zu tun, weil man sich davon Vorteile verspricht oder Nachteile vermeiden will. Vorteile können Ruhm und Ansehen, Geld, Lob oder Zuneigung sein. Ein Nachteil könnte sein, dass die anderen enttäuscht oder verärgert sind, weil wir nicht das tun, was sie von uns verlangen. Und das möchten viele Frauen um jeden Preis vermeiden.

Da wir ein gut entwickeltes Gehirn haben, können wir uns zwingen, Dinge zu tun, die uns gegen den Strich gehen. Dies wird jedoch mit Mühsal und Unlust verbunden sein. Wir können zwar in den BWL-Vorlesungen sitzen, richtig Freude am Thema werden wir jedoch nicht haben. Ob wir das Studium unter diesen Umständen abschließen, ist fraglich.

• •

Um eine Veränderung trotz Widerstand und Zweifel, trotz Ängsten und Bequemlichkeit anzupacken, muss sie uns voll und ganz und »von innen heraus« begeistern.

• •

Nur wenn Sie ein Vorhaben »von innen heraus« motiviert, nur wenn Sie es von ganzem Herzen wollen, werden Sie den Mut und die Kraft finden, es in die Tat umzusetzen.

Wenn Sie also etwas in Ihrem Leben ändern wollen, müssen Sie in erster Linie sich selbst kennen. Sie müssen Ihre ganz persönlichen Wünsche und Bedürfnisse kennen, müssen wissen, was Ihnen Freude bereitet und Befriedigung verschafft. So gelingt es Ihnen, zu erkennen, welche Ziele Sie wirklich aus sich selbst heraus verfolgen und welche Vorhaben Sie bloß reizen, weil damit eine Belohnung von außen verbunden ist. Selbstverständlich können auch von außen motivierte Ziele sinnvoll sein, sie werden uns allerdings nie so erfüllen und uns nie so leicht von der Hand gehen wie Dinge, die wir um unserer selbst willen anpacken.

Wenn ein neuer Wunsch in Ihnen aufkeimt, sollten Sie sich deshalb immer überlegen, ob Sie unbewusst auf die »Du-sollst-Botschaft« reagieren oder ob es sich tatsächlich um einen echten Herzenswunsch handelt.

Horchen Sie in sich hinein: Warum möchte ich ein bestimmtes Ziel erreichen?

- Ist es wirklich mein Ziel oder finden andere, das sei gut für mich?
- Tue ich damit jemandem einen Gefallen?
- Will ich etwas, weil ein anderer das auch hat?
- Will ich damit Ruhm und Ansehen in den Augen der anderen erlangen?
- Habe ich Angst vor der Auseinandersetzung und verfolge das Ziel einfach nur, weil es die einfachste Lösung ist?

2. Seien Sie kreativ

Es gibt nicht nur einen richtigen Weg zum Ziel, sondern ganz verschiedene. Setzen Sie nicht alle Hoffnungen auf ein Ziel, sondern halten Sie bewusst nach verschiedenen Wegen Aus-

chau. Denken Sie sich Alternativpläne aus. Wenn der erste An-
lauf nicht funktioniert, welche anderen Möglichkeiten habe ich
dann? Wie sieht ein Plan B oder C aus?

Erlauben Sie sich auch verrückte Ideen, fabulieren und asso-
ziieren Sie. Seien Sie aufmerksam, lassen Sie sich von Ihrem
Umfeld inspirieren. Die Welt ist voller Ideen. Schreiben Sie alle
Möglichkeiten auf, wie Sie Ihr Ziel erreichen können. Am bes-
ten nutzen Sie eine kreative Visualisierungstechnik wie Mind-
Mapping, um Ihre Gedanken zu sammeln.

- -

Es gibt immer verschiedene Wege zum Ziel.
Suchen Sie immer wieder nach neuen Ideen –
irgendwann erwischen Sie die richtige.

- -

Sie können auch mit anderen Menschen über Ihre Pläne
sprechen und sie nach weiteren Vorschlägen fragen. Häufig
kommen wir in der Diskussion zu neuen Erkenntnissen und
Ideen.

Schließlich sollten wir auch offen sein für Zufälle. Unvor-
hergesehene Ereignisse bringen neue Möglichkeiten und Ideen
in unser Leben, die wir für uns nutzen können – selbst dann,
wenn uns die Zufälle zunächst unglücklich erscheinen. Christo-
pher Kolumbus wollte nach Indien – und entdeckte Amerika.
Ein Misserfolg, der die Welt im Positiven verändert hat.

Auch wenn nicht alle Einfälle praktikabel erscheinen: Dieses
Vorgehen fördert kreatives Denken und macht Mut. Denn je
aktiver und handlungsfähiger wir uns fühlen, desto mutiger
sind wir auch.

3. Machen Sie einen Schritt nach dem anderen

Natürlich könnten Sie jetzt gleich Ihren Job kündigen, das Haus verkaufen und mit dem Geld Ihren Traum einer Weltreise verwirklichen. Doch ist das klug? Und werden Sie dabei glücklich?

Mut, wie ich ihn verstehe, ist immer mit Verantwortung verbunden. Sich kopflos in etwas hineinstürzen ist nicht unbedingt mutig, sondern in den meisten Fällen leichtsinnig und verantwortungslos. Wer sich hingegen überlegt, was in einer bestimmten Situation richtig und falsch ist, und sich der Risiken seines Tuns bewusst ist, ist mutig. Wie Elli, die sich auf die Selbstständigkeit vorbereitet und die ersten Schritte gründlich geplant hat.

Niemand verlangt von Ihnen, dass Sie bereits von heute auf morgen am Ziel sind. Sie allein bestimmen das Tempo und die Richtung. Gehen Sie Schritt für Schritt auf Ihr Ziel zu – bedacht, aber konsequent. Und überlegen Sie nach jedem Schritt, welches der nächste Schritt in die richtige Richtung ist:

- Was braucht es, damit ich meinen Traum verwirklichen kann?
- Welche Schritte führen zum Ziel?
- Und welches ist der erste kleine Schritt in die richtige Richtung?

. . . .

Machen Sie einen Schritt nach dem anderen.
Und überlegen Sie immer wieder: Was ist der nächste
Schritt in die richtige Richtung? Dann handeln Sie.

. . . .

Indem Sie Schritt für Schritt vorgehen und dabei Ihren Wunsch immer im Auge behalten, werden Sie irgendwann ans Ziel kommen. Achten Sie dabei darauf, dass jeder Schritt eine konkrete Handlung und nicht nur ein Vorsatz ist. Der Vorsatz »Ich suche Büroräume« ist noch kein Schritt. Erst wenn Elli am Computer sitzt und im Internet nach Büroräumen sucht, wenn Sie Termine vereinbart und Räume besichtigt, ist sie aktiv und bewegt etwas.

4. Trainieren Sie Ihre Veränderungskompetenz

Wir mögen keine Veränderung. Neues ist unbequem und macht im ersten Moment Angst. Deshalb gehen wir solchen Situationen gerne aus dem Weg. Das Problem: Je seltener wir uns Veränderungen stellen, desto mehr Mühe haben wir, sie zu bewältigen. Wer persönliche Veränderung nicht regelmäßig trainiert, rostet.

Halten Sie Ihre Veränderungsfähigkeit in Schwung, indem Sie täglich Situationen suchen, um sich kleinen Veränderungen zu stellen:

- Wenn Sie ein Lieblingsrestaurant haben, wählen Sie ab und zu bewusst andere Lokale.
- Statt wie bisher das Fitnesscenter immer am Dienstag zu besuchen, gehen Sie neu an unterschiedlichen Tagen hin. So verändert sich nicht nur Ihre Wochenroutine, sondern Sie lernen auch gleich neue Leute kennen.
- Wenn Sie bis jetzt bei Teamsitzungen immer auf dem gleichen Stuhl gesessen haben, wechseln Sie jetzt öfters den Platz. Dadurch verändern sich Sitznachbarn und Perspektive. Kleiner Zusatztipp: Beobachten Sie, welche Unruhe Sie

damit in die Runde bringen. Denn so zwingen Sie auch die anderen, sich zu verändern.

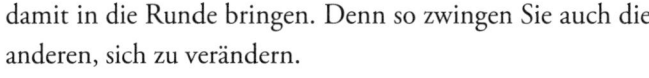

Verbessern Sie Ihre Veränderungskompetenz, indem Sie regelmäßig kleine Veränderungen in Ihre Lebensroutine einbauen.

Es müssen keine gewaltigen Veränderungen sein. Aber täglich ein bisschen Change hilft Ihnen, Altbekanntes leichter loszulassen, stärkt Ihre Selbstsicherheit und verhindert, dass Ihnen bei größeren Veränderungen die Luft wegbleibt.

5. Schalten Sie das Kopfkino ein

Ob wir uns etwas zutrauen oder nicht, hängt von unserer empfundenen Kompetenz ab. Wenn wir etwas können oder überzeugt sind, dass wir es können, fühlen wir uns sicherer – und damit mutiger. Deshalb ist eine gute Vorbereitung wichtig, denn sie gibt uns Sicherheit.

Zur Vorbereitung gehört es auch, dass Sie sich die verschiedenen Schritte zum Ziel visualisieren. Ein solches »gedankliches Handeln« ersetzt zwar nie das reale Handeln, ist aber eine wertvolle Hilfe. Sportwissenschaftler haben festgestellt, dass ein mentales Training Bewegungsabläufe und Techniken verbessert und festigt – und das, obwohl der Sportler sich diese nur vorstellt.

Visualisieren Sie beängstigende oder schwierige Situationen und stellen Sie sich vor, wie Sie sich in diesen Situationen mutig und souverän verhalten.

. . . .

Vielleicht hat sich Michelle vor ihrer Scheidungsparty gar nicht so selbstbewusst gefühlt, wie es nun den Anschein hat, sondern sie war sehr nervös. Was kann sie tun, um die Aufregung abzubauen? Sie kann sich in die bevorstehende Situation hineinversetzen und die einzelnen Schritte gedanklich visualisieren: Sie stellt sich vor, wie sie bereits eine halbe Stunde früher vor Ort ist und sich die Räume anschaut, wie sie die Gäste begrüßt, was sie zu ihnen sagt und wie sie reagiert, wenn die Leute sie auf ihre Scheidung ansprechen. Was sage ich, wenn die Leute mich fragen, warum wir uns getrennt haben? Was antworte ich, wenn sie mich fragen, wie es unserem Sohn geht? Und was mache ich, wenn mir jemand ins Gesicht sagt, dass er diese Party für eine dumme Idee hält? Und so weiter. Sie kann alle kritischen Situationen im Kopf durchspielen und sich überlegen, wie sie sich in diesen Situationen verhält.

Je öfter Michelle diese Szenarien im Kopf durchspielt, desto mutiger wird sie sich fühlen und desto souveräner wird sie die Situation bestehen. Und so entsteht auch die Selbstsicherheit, die ihre Freundinnen an ihr bewundern.

6. Entscheiden Sie!

Wer seinem Leben einen neuen Dreh geben möchte, kommt nicht umhin, Entscheidungen zu treffen: Wo genau soll die

Reise hingehen? Für welchen Weg entscheide ich mich und wer soll mich dabei begleiten? Entscheiden ist schwierig. Denn eine Entscheidung für etwas ist gleichzeitig auch immer eine Entscheidung gegen viele andere Optionen. Und sie könnte sich im Nachhinein als falsch herausstellen.

Eine Entscheidung ist immer ein Risiko. Es ist allerdings ein genauso großes Risiko, nicht zu entscheiden. Denn auch dann kann unser Leben im Nachhinein betrachtet einen falschen Verlauf nehmen. Unter Umständen entscheiden dann andere über uns.

Das Bekannte birgt für uns subjektiv betrachtet das geringere Risiko. Denn die Situation ist uns vertraut, wir haben uns an sie gewöhnt und wissen, was sie für uns bedeutet und wie sie sich anfühlt. Objektiv gesehen ist das Verharren jedoch genau gleich riskant wie die Veränderung. Da eine Veränderung auf uns bedrohlicher wirkt als das Beharren, sind wir eher versucht, dieser Bedrohung auszuweichen.

Befragt man jedoch alte Menschen, was sie in ihrem Leben anders gemacht hätten, zeigt sich ein ganz anderes Bild. Im Nachhinein gesehen empfinden sie es als schlimmer, etwas im Leben nicht getan zu haben, als eine falsche Entscheidung getroffen zu haben. Mit anderen Worten: Lieber falsch entscheiden als gar nicht. Denn Mutlosigkeit, Zaudern und eine verpasste Chance schmerzen uns mehr als die Einsicht, eine falsche Entscheidung getroffen zu haben.

. . . .

Übernehmen Sie Verantwortung für Ihr Leben. Entscheiden Sie. Nur so können Sie sich tatkräftig und selbstsicher fühlen.

. . . .

In dem Moment, in dem wir uns aktiv entscheiden, sind wir selbstwirksam. Wer Selbstwirksamkeit besitzt, ist überzeugt, seine Ziele aus eigener Kraft erreichen und Situationen durch eigenes Tun beeinflussen zu können – und zwar in seinem Umfeld wie auch in Bezug auf sich selbst.

Selbstwirksamkeit ist ein wichtiger Motor in unserem Leben. Sie bestimmt, wie motiviert wir an Aufgaben und Herausforderungen herangehen. Damit erlangen wir auch Selbstvertrauen: nämlich das positive Gefühl, dass wir durch unser Engagement etwas bewirken und die Anforderungen des Alltags bewältigen können. Wir sind nicht Opfer, sondern Herrin unseres Lebens.

7. Scheitern Sie klug

Die Risiken von Veränderungen sind real. Dinge können schiefgehen. Wer eine Idee anpackt und etwas vom Leben will, wird zwangsweise ab und zu scheitern. Nicht unbedingt in gravierendem Ausmaß. Aber doch so, dass es schmerzt und Zweifel aufkommen, ob der eingeschlagene Weg richtig ist. Solche Momente sind unangenehm. Und dennoch sind es genau diese leidvollen Erfahrungen, die uns weiterbringen. Denn Scheitern und persönliche Entwicklung gehen Hand in Hand.

Eine persönliche Entwicklung ohne Rückschritte und Wiederholungen gibt es nicht. Wie sollen wir uns entfalten können, wenn wir nicht auch Niederlagen riskieren und ein hoffnungsvoller Aufbruch in eine Sackgasse führt?

Unser bisheriges Leben gleicht einer vertrauten Pendlerstrecke. Die letzten Jahre sind wir immer auf dieser Strecke gefahren – täglich zweimal. Wenn wir nun einmal von der üblichen

Strecke abweichen, geraten wir als Erstes auf kleine Nebenstraßen, die wir nicht kennen, und landen vielleicht auch mal im Niemandsland. Dann sehnen wir uns nach der bekannten Route.

Es ist normal, dass eine Veränderung nicht auf Anhieb klappt und dass Sie zu Beginn einige Male in die alten Verhaltensweisen zurückfallen. Doch haben Sie bereits etwas den »Wind of Change« auf der Haut gespürt, das Verharren in alten Strukturen wird für Sie daher immer schwieriger. Sie werden sehen: Je häufiger Sie die neue Strecke wählen, desto mehr Sicherheit gewinnen Sie und desto einfacher wird es.

. . . .

Lassen Sie sich von Rückschritten nicht unterkriegen.
Kehren Sie um und versuchen Sie es noch einmal.
Und noch einmal.

. . . .

Hier die hilfreichsten Strategien, wenn etwas schiefgelaufen ist:
- Machen Sie sich klar, dass Sie schon viele erfolgreiche Veränderungen hinter sich haben. Denken Sie nur an all die Dinge, die Sie seit Ihrer Kindheit erlebt haben und die Ihr Leben geprägt haben. Warum schaut Ihr Leben heute ganz anders aus als vor 10 oder 20 Jahren? Weil Sie sich verändert haben. Das ist Entwicklung – und Sie haben sich bisher sehr erfolgreich entwickelt.
- Reisen Sie gedanklich in die Vergangenheit und schreiben Sie alle Situationen auf, in denen Sie Veränderung erlebt haben. Beim Berufseinstieg, als Sie in eine fremde Stadt gezogen sind, als Sie Ihr erstes Kind bekamen. Überlegen Sie sich dann, ob Sie daraus etwas für Ihre aktuelle Situation lernen

können: Warum haben diese Veränderungen geklappt? Was habe ich zum Erfolg beigetragen? Was hat mir bei Veränderungen bisher geholfen? Was könnte mir auch in diesem Fall helfen?

- Sprechen Sie mit einer Vertrauensperson über Ihre Schwierigkeiten. Das kann eine gute Freundin sein, Ihre Schwester, Ihre Mentorin oder Ihr Lebenspartner. Wichtig ist, dass Sie mit dieser Person ein Vertrauensverhältnis verbindet. Erklären Sie ihr, was Sie erreichen wollten, was Sie bisher unternommen haben und was nicht geklappt hat. Allein dadurch, dass Sie darüber sprechen, verliert Ihr »Misserfolg« einen Teil seines Schreckens.

- Fragen Sie andere um Rat – so kommen Sie bereits wieder auf neue Ideen.

- Und vor allem: Hören Sie auf zu grübeln! Lassen Sie nicht zu, dass Ihre kritischen Gedanken Ihnen den Tag verderben und Sie um den Schlaf bringen. Wenn Sie merken, dass Sie über einen Misserfolg nachgrübeln, sagen Sie ein herzhaftes »Stopp!«, am besten laut. Danach denken Sie bewusst an eine Situation, in der Sie stark und erfolgreich waren, und rufen sich so viele Einzelheiten dieser Situation wie möglich in Erinnerung.

Schließlich müssen wir aber auch erkennen: Es werden nicht alle Träume wahr – selbst wenn wir uns noch so sehr anstrengen. Auf vieles müssen oder sollten wir aus guten Gründen verzichten. Manchmal kreisen unsere Fantasien um ein Leben, das uns reizvoll oder erstrebenswert erscheint, das aber irgendwie nicht machbar ist. Nicht alle Träume und Wünsche sind realisierbare oder gar erstrebenswerte Alternativen zum bisherigen Leben. Aber von dem Moment an, wo wir unser Leben in die eigenen Hände nehmen, eröffnen sich ungeahnte Möglichkeiten.

2. Schritt: Trainieren Sie Ihre mutige Seite

 Finden Sie heraus, was Sie tief im Inneren begeistert und wofür Sie sich mit Herzblut einsetzen wollen. Finden Sie kreative Wege und treffen Sie beherzt Entscheidungen, um Ihre Wünsche wahr werden zu lassen. Bleiben Sie sich und Ihren Zielen treu – auch wenn etwas nicht auf Anhieb klappt. Trainieren Sie Ihren Mut »in eigener Sache«. Und das Leben wird Sie mit einer Fülle und Intensität überraschen, die es in einem zaghaften, mutlosen Leben niemals geben wird.

Frauen entdecken ihr Leben

Die vier Frauen haben es sich in Michelles Wohnzimmer bequem gemacht. Es ist kurz nach Mitternacht. Nachdem alle Gäste gegangen waren, kam die Idee auf, Michelle nach Hause zu begleiten. Nachdem Michelle eine Flasche Rotwein und vier Gläser aus der Küche geholt hat, lässt sie sich mit einem Seufzer in den nächsten Sessel sinken.

»Wo ist Jan?«, fragt Angela.

»Er ist das ganze Wochenende bei seinem Vater.« Ein Schatten huscht über Michelles Gesicht. Nach einer kurzen Pause fügt sie leise an: »Endlich einmal.«

»Was meinst du damit?«, fragt Helen überrascht. Lag da ein Hauch von Ärger in Michelles Stimme? Bisher wirkte sie immer so abgeklärt und souverän, als ob ihr die Trennung und das ganze Drum und Dran gar nichts ausmacht. Eine Gelassenheit, die Helen fast unheimlich vorkommt. Sie wundert sich, ob es Elli und Angela genauso geht.

Doch Michelle lacht schon wieder. »Es ist schön, dass ihr heute Abend gekommen seid. Nach all den Jahren, die ich euch so selten gesehen habe, sitzen wir wieder zusammen. Wie damals.«

»Wisst ihr noch, wie wir in den Sommerferien in unserem Garten campiert haben? Mein Vater war gar nicht begeistert, er meinte, das Zelt macht den Rasen kaputt. Aber ich fand's herrlich«, sagt Angela.

»Wohnen deine Eltern noch im gleichen Haus?«, will Elli wissen.

»Nein, sie sind schon vor einigen Jahren zurück nach Italien gezogen.«

»Wohnt noch jemand von euch in der Sonnenthalstraße?«, erkundigt sich Michelle.

»Ja, ich«, meldet sich Helen und streckt die Hand in die Höhe, als ob der Lehrer eine Frage gestellt hätte. »Nachdem meine Eltern in eine Wohnung gezogen sind, haben wir das Haus übernommen. Vor ein paar Jahren haben wir es gründlich renoviert und einen Wintergarten angebaut.«

Für einige Minuten schwelgen die Freundinnen in Kindheitserinnerungen. Trotz charakterlicher Unterschiede haben sich die Mädchen immer gut verstanden. Angela, die Überlegte und Rücksichtsvolle, die sich schon als Kind für ihre Freundinnen verantwortlich gefühlt hat; Elli, Single, selbstbewusst und sportbegeistert; Michelle, klug und ehrgeizig, mit BWL-Studium und Führungsposition; und Helen, die Sensible, Schüchterne und einzige Vollzeithausfrau und -mutter in der Runde.

»Wir haben häufig darüber gesprochen, was wir machen wollen, wenn wir erwachsen sind. Und jetzt sind schon über 20 Jahre vergangen seit damals«, sagt Angela schließlich.

»Als Mädchen konnte ich es nicht erwarten, endlich erwachsen zu werden«, meint Michelle lächelnd. »Ich dachte, wenn ich erst erwachsen bin, gehört mir die Welt. Aber als es dann so weit war, habe ich gemerkt, dass ich noch lange nicht am Ziel war. Es gab immer etwas Neues, das ich erreichen wollte. Noch einen Schritt weiter. Und noch einen.«

»Ja, es ist schon unglaublich, wie weit wir gekommen sind«, bemerkt Elli ironisch. »Noch vor wenigen Jahren haben wir Pyjama-Partys abgehalten, jetzt treffen wir uns zu einer Scheidungsparty.«

Viele Menschen verhalten sich so, als ob das Leben nur eine Aneinanderreihung von Errungenschaften wäre. »Wenn ich erst mal meinen Schulabschluss habe, den Traumjob finde, eine Familie gründe, wenn ich mehr verdiene, wenn ich schlanker bin, nicht mehr rauche, wenn meine Kinder aus dem Haus sind, wenn ich in Rente gehe …« Sie setzen ihre Hoffnung darauf, dass es ihnen nach dem nächsten Schritt besser geht. Aber tut es das je? Ich wage zu behaupten: Was immer sie auch erreichen, sie sind nie wirklich glücklich.

Denn diese Meilensteine sind selten das, wonach wir uns tief in unserem Inneren sehnen. Viel häufiger sind es Errungenschaften, die gesellschaftlich erwünscht sind: eine solide Ausbildung, ein gut bezahlter Job, exotische Ferien, eine Familie, Karriere, gutes Aussehen. Wir verbringen unser Leben damit, diesen Dingen hinterherzuhetzen, und vergessen dabei, uns zu fragen, was uns tief in unserem Inneren bewegt, was wir uns von Herzen wünschen.

Wir sind Getriebene. Wir rennen durchs Leben wie der Hamster in seinem Rad, immer schneller, immer weiter – und kommen doch nie vom Fleck. Bloß nicht stehen bleiben, denn Stillstand bedeutet Rückschritt! Und ob all dieser Hektik vergessen wir völlig, warum wir überhaupt rennen und wohin die Reise gehen soll. Geschweige denn, ob es uns überhaupt Freude macht.

Das Hamsterrad ist meines Erachtens eine sehr passende Metapher für das Leben vieler Menschen. Denn einen Großteil unseres Lebens verbringen wir in gedankenloser Betriebsamkeit, komplett absorbiert von den Aufgaben des Alltags. Und wenn wir doch einmal innehalten und zurückblicken, ist unser erster Gedanke: »Schon wieder ein Jahr vorbei. Wie schnell doch die Zeit vergeht!«

Wir sind so auf den Moment und unsere nächsten Schritte fokussiert, dass wir die wertvollen Dinge, die wir in der Vergangenheit erlebt haben, gerne vergessen. Unser bisheriges Leben ist eine Schatzkammer voller Erlebnisse, die uns geprägt haben. Diese Erfahrungen sollten wir nutzen, um unser weiteres Leben sinnvoll zu gestalten.

Bevor Sie einen Blick in die Zukunft werfen und sich überlegen, wie Sie Ihre Zukunft gestalten wollen, sollten Sie deshalb zunächst zurückblicken und sich an wichtige Momente erinnern, die Ihr bisheriges Leben bereichert haben.

Zeitreise

Endlich sind alle gegangen. Michelle ist so müde, dass sie sich zu nichts mehr aufraffen kann. Statt sich abzuschminken und die Zähne zu putzen, sitzt sie im Badezimmer erschöpft auf dem geschlossenen Klodeckel und denkt über den Abend nach. Ellis Bemerkung über die Scheidungsparty anstelle der Pyjamaparty hat sie brüskiert. »Dennoch ist viel Wahres dran«, denkt sie. »Als Kind schien alles so einfach. Es war für mich ganz selbstverständlich, dass ich meinen Märchenprinzen finden und mit ihm glücklich sein würde bis an mein Lebensende.« Aber das Leben ist kein Märchen, das hat Michelle in der Zwischenzeit gelernt.

Beim Gedanken an ihre Kindheit wird Michelle wehmütig. Das war eine schöne Zeit. Und auch später, als sie zur Uni ging und Stefan kennenlernte, war sie größtenteils glücklich und zufrieden. Darauf ihr erster Job, und dann natürlich Jan. Ja, sie hat viel Schönes erlebt. Wenn Stefan sich bloß nicht zu einem arbeitswütigen Karrieristen entwickelt hätte …

Aber daran will Michelle jetzt nicht denken. Viel lieber schwelgt sie noch eine Weile in den Erinnerungen an die glücklichen Momente, die sie in der Vergangenheit erlebt hat.

Die Vergangenheit hält wertvolle Ressourcen für uns bereit, die unser aktuelles Leben bereichern und unser zukünftiges Leben stärken können. Gehen Sie gedanklich Ihre eigene Biografie durch und versuchen Sie, sich an die schönen Momente in Ihrem Leben zu erinnern. Suchen Sie dabei nicht nur nach den gewichtigen Erlebnissen, denn häufig sind es einzelne Momente, Stimmungen, Begegnungen, die unser Leben kostbar machen.

Am besten beginnen Sie mit der jüngeren Vergangenheit und gehen dann immer weiter zurück. Versuchen Sie, sich nicht nur gedanklich in die Situation zu versetzen, sondern auch gefühlsmäßig, und spüren Sie nach, wie sich das Erlebte anfühlt. Notieren Sie Ihre Freuden in Ihrem Tagebuch:

- Was hat mir gestern Freude gemacht? Worüber habe ich mich in den letzten Tagen gefreut? Wie hat sich das angefühlt?
- Welche schönen Erlebnisse hatte ich in den letzten Wochen? Wann habe ich mich selbst als besonders lebendig und erfüllt erlebt? Wie hat dies auf meine Stimmung gewirkt?
- Wann fühlte ich mich in den letzten Jahren besonders zufrieden? Wofür bin ich dankbar?
- An welche schönen Momente in meiner Jugend kann ich mich erinnern? Was hat mir als Kind besonders Freude gemacht?

Sie können auch verschiedene Lebensbereiche und Rollen nach wertvollen Erinnerungen absuchen:

- Welche bereichernden Freundschaften und Liebesbeziehungen hatte ich in meinem bisherigen Leben? Was hat diese Erfahrungen für mich so wertvoll gemacht?
- Was erfüllt mich in meiner Rolle als Familienfrau und Mutter? Welche Momente genieße ich besonders? Oder, falls Sie alleinstehend sind: Warum bin ich gerne Single? Welche schönen Momente erlebe und erlebte ich in meiner Zeit als Single?
- Was macht und machte mir bisher an der Arbeit besonders Spaß? Wann habe ich mich besonders gerne und mit Freude für meinen Job eingesetzt?
- Warum gehe ich gerade diesem Hobby nach? Was befriedigt mich daran besonders?

Wir werden häufig sehr stark von den Dingen eingenommen, die nicht gut laufen, die uns schmerzen oder ärgern; die schönen Erlebnisse dagegen übersehen wir. Das ist evolutionstheoretisch sinnvoll, da das Erinnern negativer Erfahrungen früher wichtiger für das Überleben war als die Erinnerung an Positives. Nach diesem Programm funktionieren wir heute immer noch. Diese Übung hilft Ihnen, einen besseren Kontakt zu sich als freudigen Menschen zu bekommen.

Feiern Sie das Leben!

Unser Leben ist reich. Da wir aber die Tendenz haben, all die Dinge, die wir bereits kennen und besitzen, als selbstverständlich zu betrachten, sind wir blind für die beglückenden Momente in unserem Leben. Wenn jedoch die Freude fehlt, sind wir schnell entmutigt und verlieren die Motivation weiterzumachen.

Wir müssen wieder lernen, die schönen Dinge im Leben zu sehen und wertzuschätzen. Indem Sie diese aufschreiben, werden Sie für die aktuellen Erfahrungen von Freude sensibilisiert. Dabei geht es nicht darum, über die Schattenseiten hinwegzusehen oder etwas zu beschönigen. Sie sollen lernen, die beglückenden, schönen Momente des Lebens intensiver wahrzunehmen und zu genießen.

Notieren Sie regelmäßig alle schönen Momente in Ihrem Tagebuch und erleben Sie, wie viel Freude bereits in Ihrem Leben ist.

Machen Sie es sich zur Gewohnheit, einmal in der Woche die vergangenen Tage in Gedanken Revue passieren zu lassen und die Momente zu notieren, die Ihnen besondere Freude bereitet haben. Indem Sie sich erinnern, können Sie die freudigen Momente wiederbeleben. Es werden Situationen lebendig, in denen das Leben besser als zu erwarten war, in denen Sie glücklich waren. Das zeigt, wie gut es das Leben mit Ihnen meint, und inspiriert Sie in dunkleren Momenten.

Finden Sie den roten Faden

Michelle sitzt bereits bei der zweiten Tasse Kaffee, als das Telefon klingelt. Sonntagvormittags ganz allein, ohne Jan und Stefan, daran muss sie sich erst noch gewöhnen. Da kommt ihr ein Anruf gerade recht. Zu Michelles Erstaunen ist es Elli. »Ich wollte mich entschuldigen wegen meiner Bemerkung über deine Scheidungsparty.

Ich hatte wohl etwas zu viel getrunken. Der Vergleich war nicht gerade nett. Tut mir leid.«

»Eine Entschuldigung aus Ellis Mund, und das so früh am Morgen? Da hat ihr Angela wohl ziemlich zugesetzt«, geht es Michelle durch den Kopf. »Das ist schon in Ordnung«, entgegnet sie kulant, »wir waren wohl alle etwas überdreht. Und so falsch fand ich die Bemerkung gar nicht. Sie hat mich zum Nachdenken gebracht«, gibt sie nach einer kurzen Pause zu.

»Ach ja? Wie denn?«

»Ich habe überlegt, welche Träume wir als Kinder hatten und was draus geworden ist. Und ich habe mich an die schönen Momente erinnert und an all die Dinge, an denen ich früher Freude hatte.« Und zufrieden fügt sie hinzu: »Und das waren doch einige.«

»Was denn so?«, will Elli wissen.

»Ich kann mich erinnern, dass ich als Kind jede Minute genutzt habe, um zu lesen. In meinem Zimmer stand ein großer Sessel. Darin habe ich immer gelesen. Ich konnte so tief in ein Buch versinken, dass ich gar nicht mitbekam, was um mich herum geschah.« Als sie das sagt, merkt Michelle, wie sehr ihr diese gemütlichen Stunden mit einem spannenden Krimi fehlen. Sie kann sich schon gar nicht mehr erinnern, wann sie das letzte Mal ein Buch bis ganz zu Ende gelesen hat. »Damit könnte ich doch heute grad wieder anfangen«, denkt sie und spürt, wie der Gedanke an einen ruhigen Lesenachmittag ihr ein wohliges Gefühl gibt.

»Und was fällt dir spontan ein, wenn du an deine Kindheit zurückdenkst?«, will sie von Elli wissen.

»Lesen war nie so mein Ding. Ich musste immer in Bewegung sein.« Sie denkt kurz nach. »Erinnerst du dich an das Segelboot meiner Eltern? Wir haben fast den ganzen Sommerurlaub auf dem See verbracht.«

»Klar, du hast mich auch ein paarmal mitgenommen.«

»Auf dem See habe ich mich immer so frei gefühlt. Aber als ich älter wurde, fand ich Segeln plötzlich doof und bin nicht mehr mitgefahren.«

»Eigentlich schade«, sagt Michelle bedauernd.

»Aber weißt du was?« Ellis Stimme ist plötzlich vital und voller Lebensfreude. »Dieses Frühjahr habe ich mir ein kleines Boot gekauft und seither nehme ich Segelstunden.«

Ihr »Freudentagebuch« kann Ihnen helfen, Ihre Wünsche und Träume besser zu erkennen. Erst wenn ich erkenne, was »meins« ist, was mir Freude macht, mich motiviert und von innen heraus antreibt, kann ich mein Leben entsprechend meinen Bedürfnissen gestalten. Dann macht mein Leben Sinn. Und dies gibt mir die Kraft und den Durchhaltewillen, Veränderungen anzupacken und Widerstände zu überwinden. Denn nichts motiviert mehr als das Gefühl, etwas aus meiner Sicht Sinnvolles zu tun.

Indem Sie notieren, was Ihnen im Leben Freude macht, können Sie erkennen, was Ihnen besonders wichtig ist und Ihnen regelmäßig Glücksmomente schenkt. Und dies wiederum gibt Ihnen einen wichtigen Hinweis für Situationen, die Ihnen auch zukünftig Freude machen. Wenn Michelle als Mädchen fürs Leben gerne gelesen hat und Elli ihre glücklichsten Stunden auf dem See verbracht hat, sollten sie sich auch als Erwachsene Zeit für diese oder ähnliche Aktivitäten nehmen. Denn sie sind offensichtlich Quellen großer Freude und Entspannung.

. . . .

Was Ihnen in der Vergangenheit Freude gemacht hat,
zeigt Ihnen den Weg in ein glückliches Leben.

. . . .

Schauen Sie sich Ihre Notizen in Ruhe an. Was hat Ihnen in Ihrem bisherigen Leben besonders viel Freude bereitet? Versuchen Sie, Muster zu erkennen:

- Gibt es Freuden, die sich wie ein roter Faden durch mein Leben ziehen?
- Situationen, die mir in der Vergangenheit immer wieder Glücksgefühle geschenkt haben?
- Handlungen, die ich mit viel Leidenschaft verfolgt habe und auf die ich besonders stolz war?

Markieren Sie diese Situationen und Handlungen mit einem bunten Stift. Was empfinden Sie, wenn Sie sich diese anschauen? Geben sie Ihnen auch heute noch ein gutes Gefühl?

Achten Sie dabei auch auf die Veränderungen in Ihrem Körper. Bei positiven Gedanken und Erinnerungen berichten viele Frauen von einem warmen Gefühl, das sich in ihrer Brust ausbreitet. Oder davon, dass ihr Herz etwas schneller schlägt, gewissermaßen einen kleinen »Freudensprung« macht. Beim Erzählen leuchtet ihr Gesicht auf, die Augen strahlen und ein glückliches Lächeln macht sich bemerkbar.

In der Psychologie nennt man diese spontanen Köpersignale »somatische Marker«. »Soma« kommt aus dem Griechischen und heißt »Körper«, und weil die Signale etwas kennzeichnen, nennt man sie »Marker«. Man kann sich die somatischen Marker als Sprache des Unbewussten vorstellen, die sich in einem mehr oder weniger intensiven Gefühl oder in diffusen körperlichen Signalen zeigen, wie ein Kribbeln im Bauch, Gänsehaut, ein Zucken im Auge oder eine plötzliche Hitzeempfindung, ein Erröten, ein Strahlen auf dem Gesicht.

Somatische Marker teilen Situationen in positiv und negativ ein: »Gut für mich«, »toll«, »will ich haben« versus »schlecht für mich«, »grässlich«, »will ich auf gar keinen Fall«. Das Besondere ist, dass sich die somatischen Marker viel schneller bemerkbar machen als unsere Gedanken, das heißt innerhalb von 200 bis 300 Millisekunden. Deshalb kann das Unbewusste blitzschnelle Einschätzungen vornehmen, die aber nur von genereller Natur sind. Gut für mich – schlecht für mich.

Achten Sie auf Ihre Gefühle und spontane Reaktionen Ihres Körpers. Sie zeigen Ihnen, was gut ist für Sie und was schlecht.

Und wie sieht es bei Ihnen aus? Finden Sie genügend Zeit, um den Freuden im Leben nachzugehen? Gönnen Sie sich auch als Erwachsene diese Glücksmomente?

Wir haben alle unsere eigenen Freuden und Leidenschaften, die unser Leben bereichern. Es geht darum, dass Sie das finden, was Sie ganz persönlich erfüllt. Vielleicht haben Sie früher in einem Orchester Klarinette gespielt und merken nun, dass Sie gerne wieder Musik machen möchten. Oder Sie haben sich als Kind beim Wandern in der freien Natur besonders zufrieden und entspannt gefühlt. Dann ist anzunehmen, dass diese Aktivität Ihnen auch heute Freude macht. Und wenn Sie bisher gemeinsame Abende mit lieben Freundinnen besonders genossen haben, sollten Sie sich auch in Zukunft Zeit für solche Treffen nehmen.

Indem Sie Ihre Freuden notieren, profitieren Sie noch von einer weiteren positiven Wirkung: Indem Sie Ihre Aufmerksamkeit auf diese Freuden richten, nehmen diese automatisch mehr Raum in Ihrem Leben ein. Ihr Wahrnehmungsfilter verändert sich und Sie nehmen erfreuliche Dinge stärker wahr.

Reif für die Insel

Nach dem Telefonat mit Michelle unternimmt Elli einen langen Spaziergang. Es ist ein warmer Frühlingstag und Elli, der Bewegung und Gesundheit über alles gehen, will ausgiebig vom schönen Wetter profitieren.

Helens Bemerkung auf der Party bezüglich ihrem Mut beim Schritt in die Selbstständigkeit hat sie gefreut. »Im Grunde bin ich mir viel zu wenig bewusst, was ich im Leben schon alles erreicht habe«, denkt sie zufrieden.

Elli leitet eine gutgehende kleine Internetfirma. Schon als Mädchen hatte sie den Wunsch, etwas Eigenes zu haben, ein Geschäft, das sie nach ihren Wünschen gestalten kann und für das sie ganz allein die Verantwortung trägt. Sie hatte immer Mühe, sich in ein Team einzugliedern, wollte viel lieber das tun, was sie für richtig hielt. »Du bist einfach nicht teamfähig«, hatte eine frühere Chefin einmal zu ihr gesagt. Die Bemerkung hatte sie verletzt, schließlich wird Teamfähigkeit heute großgeschrieben. »Aber das spielt jetzt keine Rolle mehr«, denkt sie selbstbewusst.

Als sie erzählte, dass sie sich selbstständig machen wolle, haben ihr viele Leute abgeraten. Auch ihre Eltern. »Was, ausgerechnet jetzt? Bei der schlechten Wirtschaftslage? Du bist verrückt!« Aber solche Bemerkungen waren ihr egal. Je mehr die Leute gegen ihren Traum anredeten, desto stärker spürte sie die Sehnsucht nach einem selbstbestimmten, eigenständigen Leben.

»Sich frei fühlen«, geht es Elli durch den Kopf, »darüber habe ich heute Morgen doch auch mit Michelle gesprochen.« Obwohl sie es ja schon immer irgendwie gewusst hat, ist sie erstaunt über die Klarheit ihrer Erkenntnis: »Frei sein. Das ist es, was mich antreibt, das ist meine große Sehnsucht.«

Sehnsüchte ranken sich um die wichtigen Grundpfeiler des Lebens wie Partnerschaft, Familie, persönliche Entwicklung, Beruf, Freundschaft und Wohlbefinden.

Die Sehnsucht, die wir in unserem Herzen spüren, erzählt etwas Entscheidendes über uns. Sie weist auf das Leben hin, das wir als erfüllt empfinden. Sie zeigt uns, wohin die Reise unseres Lebens geht, und gibt uns die Richtung an, in die wir uns verändern möchten. Und sie hilft uns, die richtigen Ziele zu setzen.

Unsere Sehnsüchte sind ein wichtiger Kompass in Richtung eines erfüllten, vollkommenen Lebens. Sie geben uns die Kraft und Entschlossenheit, den Schritt ins Unbekannte zu wagen, unsere Ziele mit Elan zu verfolgen und den Glauben an unsere Träume nicht zu verlieren – selbst wenn einmal etwas nicht nach Plan läuft.

. . . .

Sehnsucht hat ein großes schöpferisches Potenzial,
das uns zum Handeln bewegt.

. . . .

Wenn wir aufbrechen und unser Leben neu entdecken wollen, müssen wir uns mit unseren innersten Wünschen und Träumen auseinandersetzen. Wer seine Sehnsüchte ernst nimmt und sich ihnen zuwendet, lebt zufriedener.

Stellen Sie sich vor, Sie sind irgendwo gestrandet, allein, ohne Gepäck. Es ist ein schöner Ort und Sie fühlen sich dort sehr wohl. Skizzieren Sie die Kulisse und den weiteren Verlauf der Geschichte. Malen Sie dabei gedanklich ein möglichst klares und detailliertes Bild Ihrer neuen Situation:

- Wo bin ich gelandet: in einer Großstadt, auf einer Südsee-insel, in einem mittelalterlichen italienischen Städtchen, in der Sahara oder an einem ganz anderen Ort?
- Wie sieht diese »neue Welt« aus? Wie ist das Licht? Wie riecht es da?
- Was mache ich an diesem Ort? Womit verbringe ich den Tag?
- Welche Menschen leben dort? Mit wem bin ich zusammen? Wer begleitet mich in diesem neuen Leben?
- Wie geht die Story weiter? Was passiert in meinem neuen Leben in den kommenden Wochen und Monaten? Wie sieht dieses Leben in einem Jahr aus? In drei Jahren? Was werde ich dann machen und wie werde ich mich dabei fühlen?

Schwelgen Sie so lange in Ihrer Vorstellung, bis Sie ganz starke Gefühle dafür entwickeln. Achten Sie dabei auf Ihre somatischen Marker. Wenn Sie ein Ziehen in der Brust spüren oder es in Ihrem Bauch kribbelt, dann haben Sie alles richtig gemacht. Dann hat diese Vorstellung Ihre Sehnsucht geweckt.

* *

Tauchen Sie mit allen Sinnen in Ihre Traumwelt ein.
Hören, spüren und riechen Sie dieses Leben.

* *

Fällt es Ihnen schwer, sich eine Traumwelt auszumalen? Dann lassen Sie sich inspirieren. Sicher haben Sie Lieblingsfilme. Zwei meiner absoluten Favoriten sind »Out of Rosenheim« mit Marianne Sägebrecht und »Brot und Tulpen« mit Bruno Ganz in den Hauptrollen. Beide Filme handeln von Frauen, die von ihren Männern sitzengelassen wurden. Beide Filme zeigen wunderschön, wie die Frauen zuerst zaghaft und dann immer mutiger ein neues Leben entdecken, wie sie erkennen, welche Talente in ihnen schlummern und wozu sie wirklich fähig sind. Zum Schluss müssen beide entscheiden, wie es weitergehen soll.

Welches sind Ihre Lieblingsfilme? Welche Bücher konnten Sie die ganze Nacht nicht weglegen? Was hat Sie an der Geschichte besonders fasziniert?

Ihre Sehnsüchte geben Ihnen wertvolle Hinweise auf das, was in Ihrem momentanen Leben fehlt und was Sie sich zusätzlich in Ihrem Leben wünschen.

Sie haben nun ein klares Bild des Lebens, das Ihre Sehnsucht weckt. Das muss nicht bedeuten, dass Sie nun gleich die Koffer packen und dorthin verschwinden müssen. Denn seiner Sehnsucht folgen bedeutet nur in seltenen Fällen, alle Zelte abzubrechen, aus dem bekannten Leben auszusteigen und etwas völlig Neues zu beginnen.

Vergleichen Sie Ihr »Traumleben« mit Ihrem momentanen Leben: Was gefällt Ihnen an Ihrem aktuellen Leben? Was wünschen Sie sich zusätzlich?

* Was fehlt? Was vermisse ich? Welche Bezugspersonen fehlen mir, um glücklich zu sein? Wen muss ich erst noch kennenlernen?
* Was gefällt mir? Welche Dinge in meinem Leben möchte ich unbedingt beibehalten? Auf welche Dinge will ich auf keinen Fall verzichten? Welche Menschen aus meinem heutigen Umfeld lade ich in mein neues Leben ein?

Notieren Sie Ihre Antworten auf einem großen Blatt Papier. In die Mitte des Blattes zeichnen Sie eine Sonne mit vielen Strahlen und schreiben Ihren Namen hinein. Schreiben Sie dann am Ende der Strahlen Ihre Wünsche auf, und zwar pro Strahl einen Wunsch. Dabei spielt es keine Rolle, ob es unerfüllte Wünsche sind oder solche, die Sie bereits erreicht haben. Das heißt: Sie notieren alles, was Sie sich für Ihr Leben neu wünschen, und alles, was Sie an Ihrem bisherigen Leben lieben und behalten wollen.

Egal, ob es realistische Wünsche sind oder nicht, große Wünsche oder kleine. Je mehr Strahlen Ihre Sonne hat, desto besser.

Was ich wirklich will

Elli ist so in Gedanken versunken, dass sie erst bemerkt, wie weit sie gelaufen ist, als sie plötzlich am Seeufer steht. Sie hält einen Moment inne, blickt über den See. »Der See zieht mich wohl magisch an«, denkt sie und lächelt zufrieden. Draußen auf dem See sieht sie die Boote und die Möwen kreischen laut. »Das ist Freiheit«, sagt sie zu sich selbst.

»Wenn du erwachsen bist, was möchtest du machen?«, hat Michelle sie einmal gefragt, als sie über ihre Zukunftspläne gesprochen haben. »Auf einem Boot leben«, hat Elli geantwortet.

»Das ganze Jahr, auch im Winter?«

»Ja, auch im Winter«, hat Elli ganz selbstverständlich geantwortet.

Und das ist auch heute noch ihr Traum. Allerdings an einem Ort, wo das ganze Jahr die Sonne scheint.

Schauen Sie sich Ihr fertiges Bild in Ruhe an und überlegen Sie, was Sie daraus für Ihr weiteres Leben schließen:

- Wie viele Dinge aus meinem momentanen Leben habe ich notiert? Und wie viele unerfüllte Wünsche habe ich? Was überwiegt?
- Bin ich mit meinem aktuellen Leben im Großen und Ganzen zufrieden und muss nur ein paar kleine Änderungen vornehmen, damit es wirklich erfüllt ist?
- Oder muss ich größere Veränderungen vornehmen, um glücklich zu werden?

Es ist nicht so einfach, herauszufinden, was wir wirklich wollen. Manchmal wollen wir vieles auf einmal oder wir haben widersprüchliche Träume und Wünsche. In solchen Situationen bringt uns der Verstand selten weiter. Denn wir sprechen hier von »Herzensdingen« – und die lassen sich nur mit dem Herzen und nicht mit dem Verstand lösen. Hören Sie deshalb auf Ihr Gefühl. Schauen Sie sich Ihre Wünsche an und versuchen Sie herauszuspüren, welcher Wunsch sich für Sie am besten anfühlt und Ihnen den stärksten Somatischen Marker anzeigt.

- Welche drei Wünsche möchte ich verwirklichen? Bei welchen drei Wünschen schlägt mein Herz einen Tick schneller?
- Und wenn ich mir nur einen Wunsch erfüllen kann: Welcher würde mich am glücklichsten machen?

Selbstverständlich gibt es Einschränkungen. Nicht jede Frau kann oder will ihren Mann verlassen, wie Michelle es getan hat. Und nicht jede Frau kann weggehen und irgendwo an der Sonne leben. Es kann Umstände geben, die einen solchen Schritt – zumindest momentan – nicht zulassen. Aber verstecken Sie sich nicht hinter fadenscheinigen Ausreden. Unsere erste Reaktion ist meistens: »Das geht nicht!« Denn es ist auf den ersten Blick verlockender, in einem bekannten Leben zu bleiben, als den Schritt in ein unbekanntes Leben zu wagen.

Und manchmal ist die Zeit einfach noch nicht reif für eine Veränderung. Das ist vollkommen in Ordnung. Erzwingen Sie es nicht. Nach meiner Erfahrung lohnt es sich, zu warten, bis die Zeit reif ist. Lieber mit voller Überzeugung ins Abenteuer als ängstlich und zaudernd. Allerdings sollten Sie sich auch hier kritisch hinterfragen, ob Sie aus purer Bequemlichkeit abwarten und den Schritt in die Mutzone noch nicht wagen oder ob eine Handlung tatsächlich verfrüht ist und Ihr Unterfangen Sie in Gefahr bringt.

Manchmal lassen sich größere Wünsche nicht so schnell erfüllen, wie Sie es sich vielleicht erhoffen. Ihre Sachen packen und ab auf die Insel ist für Elli momentan nicht unbedingt möglich. Aber dank ihres Hobbys, des Segelns, kann sie sich ein Stück dieser Freiheit heute bereits in ihr Leben holen. Überlegen Sie:

- Was kann ich heute machen, damit ich meinem Wunsch ein Stück näher komme?
- Wie kann ich mir wenigstens einen Teil meines Traums in mein aktuelles Leben holen?

Meine Wünsche zu leben bedeutet nicht zwingend, mein Leben völlig auf den Kopf zu stellen. Manchmal sind es die kleinen Dinge, die mein Leben bereichern und einen großen Einfluss auf mein Lebensglück haben.

*Auch wenn es momentan nicht klappt: Halten Sie an Ihren
Sehnsüchten, Träumen und Wünschen fest.
Manchmal braucht es nicht einen großen Schritt,
sondern viele kleine.*

3. Schritt: Folgen Sie Ihren Sehnsüchten

 Besinnen Sie sich darauf, welche schönen und erfüllenden Momente Sie in der Vergangenheit erlebt haben und wie vielen liebevollen und unterstützenden Menschen Sie in Ihrem Leben begegnet sind. Suchen Sie Mittel und Wege, solche beglückenden Augenblicke und Begegnungen auch in der Gegenwart immer wieder zu erleben. Und werden Sie sich bewusst, welche Sehnsüchte Sie haben und welche Träume Sie sich in Ihrem Leben erfüllen wollen. Und auch wenn diese vorerst Wünsche bleiben müssen: Holen Sie sich wenigstens einen Teil Ihrer Träume in Ihr aktuelles Leben.

Bloß nicht aus der Rolle fallen

Nach ihrem Telefonat vom Sonntagmorgen haben sich Elli und Michelle zum Lunch im Restaurant Johann verabredet. Nachdem sie bestellt haben, fragt Michelle: »Wo hast du eigentlich gearbeitet, bevor du deine eigene Firma gegründet hast?«

»In einem IT-Beratungsunternehmen.« Elli verzieht das Gesicht und meint: »Aber das war nichts für mich. Zu wenig gestalterische Freiheit. Und für mich als Frau war das ein schwieriges Pflaster.«

»Wie meinst du das?«, fragt Michelle und lehnt sich interessiert über den Tisch. Das will sie ganz genau hören.

»Naja, ich war die einzige Frau in einer höheren Position. Alle anderen Frauen waren Assistentinnen. Damit konnten meine Kollegen nicht wirklich umgehen. Ich wurde wie ein ›Junior‹ behandelt, obwohl das nicht meiner Funktion entsprochen hat.« Sie macht eine resignierte Handbewegung und fährt fort: »Aber irgendwie bin ich daran auch selbst schuld. Ich habe mich nie wirklich gegen diese Form des Umgangs gewehrt. Ich dachte, wenn ich mich anpasse, wenn ich höflich und hilfsbereit bin, komme ich weiter.«

Elli schüttelt den Kopf, so als ob sie das Ganze auch heute noch nicht richtig verstehen könnte. Dann fährt sie fort: »Eines Tages wurde ein neuer Kollege eingestellt. Er war jünger als ich, schlechter ausgebildet und hatte weniger Berufserfahrung. Aber sein Gehalt war trotzdem höher als meins.«

»Autsch«, sagt Michelle. »Das tut weh!«

»Ja, aber das ist noch nicht alles. Als ich meinen Chef darauf angesprochen und eine Gehaltserhöhung gefordert habe, weißt du, was er geantwortet hat? ›Wir können Ihnen nicht mehr zahlen, Sie sind bereits die bestverdienende Frau im Unternehmen.‹«

»Wenn Sie eine Figur wären – eine historische Figur oder eine Figur aus einem Roman oder Film –, wer wären Sie dann? Und warum?« Diese Frage stelle ich den Teilnehmerinnen an meinen Kursen häufig. Dabei überlasse ich es den Frauen, ob sie eine Figur nennen, mit der sie tatsächlich Eigenschaften teilen, oder ob es sich bei der Figur mehr um ein Idol handelt, das Eigenschaften besitzt, die sie für wertvoll halten. Wissen Sie, welche Namen am häufigsten genannt werden? Genau: »Pippi Langstrumpf«, sagen die Teilnehmerinnen regelmäßig, oder: »die rote Zora«. Beides Mädchenfiguren, die mutig und wild sind und die sich im Grunde wie Jungen benehmen. Die sich nicht um Konventionen scheren und denen Freiheit und Selbstbestimmung wichtiger sind als ein anerkennendes Über-den-Kopf-Streicheln.

Offensichtlich beeindrucken diese beiden Figuren aus der Jugendliteratur viele Mädchen so sehr, dass sie diese auch noch als erwachsene Frauen als Vorbilder und Projektionsfiguren wahrnehmen. Ebenfalls häufig genannt werden im Moment Hillary Clinton und Angela Merkel. Auch dies beides Frauen, die unerschrocken und den widrigsten Umständen zum Trotz ihre Ziele verfolgen.

Diese Aussagen stellen uns vor interessante Fragen: Wenn wir – ob jung oder alt – wilde Mädchen und selbstbewusste Frauen bewundern, warum streben wir das nicht auch für uns an?

*Warum sind wir nicht wie Pippi Langstrumpf? Warum sind
wir lieber angepasst, rücksichtsvoll und fleißig
statt selbstbestimmt, unkonventionell und fordernd?*

Erziehungswissenschaftlerinnen von der Humboldt-Universität
in Berlin sind diesen Fragen auf den Grund gegangen. Sie ließen
Mädchen und Jungen im Alter von 10 Jahren aufschreiben, warum sie gerne Junge beziehungsweise Mädchen sind. Die Auf-
sätze zeigen eindrücklich, wie klar diese Kinder die Rollen-
stereotype kennen. So mögen Jungen an sich besonders ihre
körperliche Kraft: Sie sind gerne Jungs, weil sie zeigen können,
wie stark sie sind, wie schnell sie rennen und wie weit sie sprin-
gen können. Mädchen hingegen sind gerne Mädchen, weil sie
schöne lange Haare haben, sich schminken können, später einmal Babys kriegen und diese ernähren und pflegen können.

Kinder werden in eine Welt geboren, in der das Geschlecht
die sichtbarste Unterscheidung von anderen ist. Von klein auf
erleben sie, wie man als Mädchen zu sein hat und wie als Junge.
Sie kennen ihren Platz in der Gesellschaft und wollen diesen
unbedingt korrekt ausfüllen. Schon von klein auf gilt: Bloß
nicht aus der Rolle fallen.

Ich habe es in meinem Freundeskreis immer wieder beobachtet: Selbst wenn sich die Eltern noch so sehr bemühen, jede
geschlechtsspezifische Erziehung zu vermeiden, wollten die
Mädchen doch immer lieber mit Puppen und die Jungs mit
Traktoren spielen. Als meine Nichte etwa fünf Jahre alt war, hat
sie sich zu Weihnachten ein Bügelbrett gewünscht. »Warum
willst du denn bügeln?«, habe ich sie gefragt »das ist doch lang-
weilig.« Ihre Antwort: »Weil Mami das auch macht.«

Ob die Eltern es nun wollen oder nicht: Von Geburt an sind Kinder einer konstanten Flut von Produkten ausgesetzt, welche die Menschheit in eine männliche und eine weibliche Gruppe einteilen. Angefangen mit den rosa und himmelbauen Glückwunschkarten zur Geburt über Barbie-Puppen und Autorennbahnen als Geschenk zu Weihnachten bis hin zu Schulranzen mit Motiven von Feen für Mädchen und Batman für Jungen. Und dann gibt es auch noch die Werbung, die Illustrierten und das Fernsehen, die eine klare Botschaft senden: Frauen sind hübsch, bevorzugt langhaarig und möglichst spärlich bekleidet und zu ihren Hauptbeschäftigungen zählen Shopping und Schminken – und das am liebsten mit der besten Freundin. Tja, da schreien Frauen vor Glück!

Wie soll ein Mädchen bei dieser einseitigen Informationsflut lernen, dass Frauen auch anders können? Dass Frauen auch anpacken können, dass sie auch Ingenieurinnen werden können, Mathematikerinnen und Physikerinnen, dass sie sich schmutzig machen dürfen in ihrem Job oder wenn es ihnen Spaß macht, dass sie auch für ihre Beförderung kämpfen dürfen und nicht immer brav den anderen den Vortritt lassen müssen.

Und hier setzt das eigentliche Problem ein: Rollenklischees zementieren unser Denken und unser Verhalten. Und sie haben eine fatale Auswirkung auf die Kompetenz, das Selbstwertgefühl und das Verhalten von Frauen.

Unterschiedliche Motivationsmuster

Aufgrund der unterschiedlichen Rollenbilder werden Mädchen und Jungen von Eltern, Lehrern und weiteren Bezugspersonen unterschiedlich behandelt. So werden Jungs für ihr Können und ihre Leistungen gelobt, Mädchen hingegen für ihr braves Verhalten. Tadel erhalten Knaben vorwiegend für ihre Unordentlichkeit, weil sie sich zu wenig anstrengen oder den Unterricht stören, Mädchen dagegen werden für schlechte Leistungen kritisiert. Je nach Geschlecht wird also unterschiedliches Verhalten belohnt und bestraft: Jungen werden belohnt für gute Leistung und bestraft für schlechtes Verhalten; Mädchen werden belohnt für braves Verhalten und bestraft für mangelnde Leistung.

Dadurch entstehen unterschiedliche Motivationsmuster. Mädchen lernen, dass sie vor allem geliebt werden, wenn sie nett und angepasst sind. Die Leistung, die sie erbringen, ist zweitrangig – und wenn, wird sie auf Fleiß und Anstrengung zurückgeführt und nicht etwa auf ihr Können oder ihre Klugheit. Ganz anders bei den Jungs. Sie lernen, dass man sie liebt, wenn sie gute Leistungen erbringen, und diese werden als direktes Resultat ihres Könnens und ihrer Intelligenz gewertet.

· ·

Jungen werden für ihre Leistungen gelobt, Mädchen dafür,
dass sie brav und fleißig sind.

· ·

Diese Motivationsmuster bleiben auch im Erwachsenenalter erhalten: mit fatalen Folgen für das Selbstbild von Frauen. Frauen erklären Erfolge häufiger mit Fleiß, Glück oder äußeren Gegebenheiten und führen Misserfolge auf ihre eigene Unfähigkeit oder Dummheit zurück. Männer dagegen neigen dazu, Misserfolge den äußeren Umständen oder einer Pechsträhne zuzuschreiben, Erfolge jedoch auf ihr eigenes Können zurückzuführen.

Wie wir uns Erfolg beziehungsweise Misserfolg erklären, beeinflusst unseren Umgang mit herausfordernden und riskanten Situationen. Wer Misserfolge auf die eigene Unzulänglichkeit zurückführt und Erfolge auf äußere Umstände, hat viel zu verlieren und wenig zu gewinnen: Menschen, die so denken, werden vor riskanten Situationen eher zurückschrecken, weil ein Scheitern sie als Person infrage stellt, ein Erfolg ihr Selbstwertgefühl jedoch nicht stärkt. Diese Einstellung bedeutet oft ein Hindernis, da diese Menschen eine Niederlage nicht einfach überwinden und es nochmals probieren, sondern lieber an noch mehr Schulungen teilnehmen und die eigenen Fähigkeiten perfektionieren. Statt sich mit Mut und Elan ins Abenteuer zu stürzen, zaudern sie – immer getrieben von der Angst zu versagen.

· ·

Frauen erklären Erfolge häufiger mit Zufall oder äußeren Gegebenheiten und führen Misserfolge auf das eigene Unvermögen zurück. Deshalb schrecken sie davor zurück, Neues anzupacken.

· ·

Im Gegensatz dazu sind Menschen, die Misserfolge mit äußeren Umständen und Erfolge mit der eigenen Kompetenz erklären, eher bereit, Herausforderungen anzunehmen. Eine Niederlage erschüttert sie nicht in ihrem Selbstverständnis, ein Erfolg jedoch stärkt ihr Selbstwertgefühl. Sie sind überzeugt, Schmied ihres eigenen Glückes zu sein, und suchen immer wieder neue Herausforderungen, um sich zu beweisen und daran wachsen zu können.

Mädchen top – Frauen flop

»Ist das überhaupt noch aktuell?«, fragen Sie sich jetzt vielleicht. Schließlich haben die Mädchen in der Schule die Jungen längst überholt, schreiben bessere Noten, sind an den Gymnasien und Universitäten in der Überzahl. Sie haben Recht. Und dennoch ist dieses Thema brandaktuell. Denn das eigentliche Problem liegt genau in dieser unterschiedlichen Bewertung von Erfolg und Misserfolg. Mädchen glauben, dass sie nur erfolgreich sind, weil sie fleißig sind, sich anstrengen – und sich anpassen. Nicht weil sie klug und durchsetzungsstark sind. Deshalb betrachten sich Mädchen trotz guter oder sogar besserer Leistung in der Schule als die Schwächeren und geraten im Verlauf ihrer schulischen und beruflichen Karriere mehr und mehr ins Hintertreffen.

Die Rollenklischees und die damit einhergehende unterschiedliche Sozialisation von Mädchen und Jungen führen dazu, dass Frauen ein geringeres Selbstwertgefühl besitzen als Männer. Sie trauen sich weniger zu, halten sich generell für weniger fähig und setzen sich weniger durch. Gleichzeitig sind sie bemüht, es allen recht zu machen, da sie wissen, dass angepasstes, freundliches Verhalten geschätzt und belohnt wird. So wird aus dem Mädchen mit den guten Schulnoten eine verunsicherte Frau, die nie gelernt hat, auf ihre Fähigkeiten und ihr Können zu vertrauen.

Auch wenn dies nun pauschalisierend klingen mag: Die meisten Frauen sind nach wie vor von diesen tief in unserer Gesellschaft verwurzelten Mechanismen betroffen. Ich bin immer wieder erstaunt, wie viele gestandene Managerinnen mir von den Selbstzweifeln berichten, unter denen sie leiden. Und auch viele meiner Studentinnen werden von Leistungsängsten geplagt und fürchten, schlechte Arbeiten zu schreiben und ihren Abschluss nicht zu schaffen.

. . . .

Frauen lernen nicht, auf ihre Fähigkeiten und ihr Können zu vertrauen. Stattdessen leiden sie unter Selbstzweifeln und Versagensängsten.

. . . .

Und es kommt noch dicker: Geschlechterklischees werden nicht nur als Rollenmuster, sondern auch als Vorschriften wahrgenommen. So glauben wir nicht nur, dass Frauen fürsorglicher sind als Männer, sondern wir erwarten von ihnen, dass sie es sind. Wenn eine Frau dann diesem Klischee zuwiderhandelt, wenn sie vielleicht einmal nicht nett und zuvorkommend ist, sondern gleichgültig oder rücksichtslos, wird sie für ihr Fehlverhalten wirtschaftlich und gesellschaftlich bestraft.

Wenn sich Mädchen früher wie Jungen verhalten und gekleidet haben, wurden sie »umerzogen«. Es wurde ihnen unter Zwang beigebracht, wie eine Frau sich anzieht, wie sie zu gehen und sich zu verhalten hat. Von solch drakonischen, menschenverachtenden Maßnahmen sind wir heute zum Glück weit entfernt. Aber auch heute noch werten wir Frauen ab, die nach männlichen Regeln spielen. Wir nennen sie »Mannsweib«, »Karriereweib« oder »Emanze«. Kein Wunder, wenn die jungen Frauen heutzutage nicht als »emanzipiert« gelten wollen. Gleichberechtigt ja, aber keinesfalls als emanzipiert. Denn das bedeutet »unweiblich« und damit »unattraktiv«.

Mythos Gleichberechtigung

»Männer sind allesamt Dinosaurier«, sagt Michelle unvermittelt, nachdem sie den letzten Rest Bratkartoffeln verdrückt hat. »Das war bei meinem genau dasselbe. Immer musste sich alles nach seinen Wünschen richten. Von Gleichberechtigung keine Spur!« Ihre Stimmt klingt so bitter, dass Elli erstaunt von ihrem Teller aufschaut. Da Michelle bis jetzt noch nie etwas über den Grund für ihre Trennung von Stefan gesagt und auf Fragen nur einsilbig und abweisend reagiert hat, ist Elli ganz überrascht.

Angestachelt durch Ellis fragenden Blick fährt Michelle fort: »Wir haben alles so wunderbar geplant. Für uns war immer klar, dass wir beide arbeiten, auch nach Jans Geburt. Wir haben beide die gleiche Ausbildung, und deshalb wollten wir uns auch die Kinderbetreuung und die Hausarbeit teilen. Was für eine naive Idee das bloß von uns war!«

»Aber du hast doch eine Führungsposition und hast immer viel gearbeitet«, wirft Elli ein, »da hattet ihr doch sicher Kinderbetreuung und eine Putzfrau.«

»Aber die nehmen dir auch nicht alles ab. Die Betreuung muss organisiert werden, Jan braucht neue Schuhe, und er muss zum Kinderarzt. Wer macht das alles? Natürlich ich. Ich bin ja die Mutter. Bevor ich wusste, wie mir geschieht, war ich für alle familiären Pflichten zuständig. Und außerdem arbeitete ich seit Jans Geburt nur in Teilzeit, während Stefan eine gewichtige Vollzeitstelle hat.«

»Du arbeitest in Teilzeit? Aber du arbeitest doch so viel.«

»Ja, 80 Prozent. Und diese fehlenden 20 Prozent machen den großen Unterschied. Weil Stefan Vollzeit arbeitet, blieben all die kleinen Alltagspflichten an mir hängen.«

»Warum hast du da mitgemacht? Warum hast du dich nicht gewehrt?«

Michelle zuckt nur ratlos mit den Schultern. »Ich habe es versucht. Ich habe es wirklich versucht. Es war aussichtslos. Stefan kam plötzlich auf einen Karrieretrip. Seine Arbeit war viel wichtiger als meine. Als ich ihn aufgefordert habe, sein Arbeitspensum zu reduzieren, hat er mir sogar erklärt, dass Teilzeit in einer Führungsposition nicht möglich ist. Dabei habe ich ja auch eine Führungsposition. Das ging so weit, dass ich mich selbst für inkompetent hielt ... Das Schlimmste aber war, dass ihm seine Karriere zum Schluss wichtiger war als seine Familie. Er war nicht mehr bereit, in seiner Arbeit für Jan und mich zurückzustecken.«

»Nicht einmal, als du gedroht hast, dich von ihm zu trennen?«, fragt Elli fassungslos.

»Nein, nicht einmal dann. Wahrscheinlich hat er mich auch gar nicht wirklich ernst genommen. Er hat vorgeschlagen, dass ich weniger arbeite und mir mehr Zeit für die Familie nehme.« Michelle schaut ihre Freundin müde an. Dann meint sie: »Und irgendwann war ich es leid, die ewig nörgelnde Ehefrau zu spielen.«

Was Michelle beschreibt, passiert vielen Frauen. Sie starten mit den gleichen Voraussetzungen wie ihr Partner in das Projekt Familie – und landen dann abgeschlagen auf dem zweiten Platz. Sie sind mit ihren Kräften am Ende und haben dennoch das Gefühl, versagt zu haben, und zwar beruflich und privat.

Für einen Dokumentarfilm wurden im Sommer 2013 Studentinnen befragt, wie sie sich ihre berufliche und private Zukunft vorstellen. Der Tenor der jungen Frauen lautet einstimmig: Nach dem Studium wollen sie etwas arbeiten, um das Gelernte anzuwenden. Danach folgt die Familiengründung, verbunden mit einem zumindest teilweisen Rückzug aus dem Erwerbsleben, um sich den Kindern zu widmen. Dabei waren die jungen Frauen zuversichtlich – aber keineswegs sicher –, dass ihr Partner einen Teil der Kinderbetreuung übernehmen und eventuell Teilzeit arbeiten werde.

Auch wenn sie eine Karriere anstreben, ist für die meisten Frauen klar, dass ihre Kinder an erster Stelle stehen. Deshalb ist Teilzeitarbeit bei Frauen weit verbreitet – ein partnerschaftliches Familienmodell, also die ungefähr gleiche Verteilung von Kinderbetreuung und Erwerbsarbeit, ist nach wie vor die Ausnahme. Nicht zuletzt auch deshalb, weil es bei Männern immer noch wenig akzeptiert ist, wenn sie ihre Arbeitszeit zugunsten der Familie reduzieren. Familie und Karriere parallel zu meistern scheint also immer noch vor allem eine Aufgabe der Frauen zu sein.

Es erscheint mir als wichtig, dass wir uns dieser tief verankerten Mechanismen bewusst sind, um am Schluss nicht in einer ähnlichen Situation zu landen wie Michelle. Denn gerade junge Frauen unterschätzen häufig die Macht und Verlockung der altbekannten Frauenrollen. Sie verstehen sich ganz selbstverständlich als gleichberechtigt – bis sie später schmerzhaft feststellen, dass auch sie sich meistens angepasst und nur selten selbstbewusst entschieden und gewählt haben. Und so in einem Leben gelandet sind, das sie früher für unerträglich hielten.

4. Schritt: Brechen Sie mit der traditionellen Rolle

Verhindern Sie, dass Sie am Ende trotz aller guten Vorsätze in einem Leben landen, das von traditionellen Rollenbildern statt von Ihren eigenen Bedürfnissen gesteuert wird. Hinterfragen Sie, warum Sie eine bestimmte Lebensweise oder ein bestimmtes Verhalten wählen. Machen Sie sich bewusst, dass es immer auch alternative Lebens-, Denk- und Verhaltensweisen gibt. Suchen Sie sich Vorbilder, die Ihnen Mut machen: Frauen, die es gewagt haben, aus ihrer traditionellen Bestimmung auszusteigen, und die beherzt ihren eigenen Weg gehen.

Das Leben ist keine Kopie

Seit sich Angela, Elli und Helen bei der Scheidungsparty wieder nähergekommen sind, treffen sie sich einmal in der Woche zum Nordic Walking. Sie genießen diese Stunden, in denen sie während des Laufens alle möglichen Dinge besprechen können.

Doch diesen Morgen will es nicht so recht klappen mit dem Gespräch. Als sie zehn Minuten mehr oder weniger schweigend nebeneinanderher gelaufen sind, fragt Angela: »Was ist los mit euch, ihr seid so still?«

Elli antwortet als Erste. »Ach, ich habe mich heute Morgen über mich selbst geärgert. Ich hatte eine Anfrage eines Kunden, und wie jedes Mal tue ich mich unglaublich schwer damit, den Preis festzusetzen. Ich möchte gerne ein höheres Honorar verlangen, aber ich traue mich nicht. Und vorhin habe ich von einem Kollegen, der ebenfalls Websites gestaltet, erfahren, dass er etwa ein Drittel höhere Preise verrechnet.«

Angela versteht das Problem nicht ganz. »Aber das ist doch gut! Jetzt, wo du das weißt, kannst du auch mehr verlangen!«

»Das ist ja genau mein Problem«, erwidert Elli verzweifelt. »Ich weiß schon lange, dass ich zu günstig anbiete, aber ich habe einfach nicht den Mut, mehr zu verlangen.«

»Aber wovor hast du denn Angst? Dass du den Auftrag nicht bekommst? Du bist doch erfolgreich und könntest auch einmal auf einen Auftrag verzichten, wenn der Kunde deine Arbeit nicht bezahlen will.«

»Ja klar! Momentan läuft alles super. Aber wie lange noch? Ich habe immer diesen Satz im Hinterkopf: ›Du musst dankbar sein, dass du Aufträge hast.‹ Wer weiß, vielleicht läuft das Geschäft einmal nicht mehr so gut, und dann wäre ich froh darüber, einen solchen Auftrag zu kriegen.«

Angela ist perplex. »Habe ich richtig verstanden, dass du jetzt, wo du richtig viel Arbeit hast, schlecht bezahlte Aufträge annimmst, weil du befürchtest, dass du später einmal keine Aufträge mehr hast?«

»Ja, so in der Art«, meint Elli kleinlaut und kommt sich ziemlich dumm vor.

»Das überrascht mich«, meldet sich Helen zu Wort. »Ich dachte immer, du seist die selbstsichere Geschäftsfrau, die ihren Willen durchsetzt.« Und Angela runzelt die Stirn und bemerkt: »Das macht aber gar keinen Sinn. Das Eine hat mit dem Anderen doch gar nichts zu tun.« Und nach einer kurzen Pause meint sie noch: »Das ist ziemlich verkorkst, weißt du das?«

Glaubenssätze sind Überzeugungen, die uns meist in Form von Verallgemeinerungen, Redewendungen oder Lebensweisheiten begleiten und unser Denken, Fühlen und Handeln bestimmen. Ellis Satz »Du musst dankbar sein, dass du Aufträge hast« ist eine solche Überzeugung.

Dabei haben wir unsere Glaubenssätze nicht selbst gewählt, sondern wir haben sie erlernt und verinnerlicht – sodass sie heute Teil unserer Persönlichkeit sind.

Es mag sein, dass gewisse Überzeugungen auf andere Menschen, die diese nicht haben, »verkorkst« wirken. Für die Betroffenen jedoch, die diese Überzeugungen verinnerlicht haben, sind sie so normal, dass sie diese nicht einmal bemerken.

»Jeder ist seines Glückes Schmied«, »Du kannst das, du musst es nur versuchen« oder »Frauen sind fürsorglich« sind weitere Beispiele solcher unbewussten Überzeugungen. Sie fassen unsere Werte und Normen in Worte; sagen uns also, »woran wir glauben«, was gut ist und was schlecht, wie wir uns verhalten sollen und wie nicht. Damit steuern sie unser Verhalten – und zwar ohne dass wir uns dessen bewusst werden.

Irgendwann hat Elli gelernt, dass sie froh und dankbar sein muss für alles im Leben. Das ist im Grunde nichts Schlechtes. Wahrscheinlich sind wir tatsächlich zu wenig dankbar für die schönen Dinge. In diesem Fall wird der Satz jedoch zur Behinderung, da sich Elli nicht traut, einen schlecht bezahlten Auftrag abzulehnen. Ihr Glaubenssatz hindert sie daran, selbstbestimmt zu handeln.

Überzeugungen wie die von Elli sind dafür verantwortlich, dass wir uns nicht weiterentwickeln. Denn dankbar sein bedeutet, sich mit dem zu begnügen, was man hat, und vom Leben nichts weiter zu fordern oder erwarten zu dürfen. Dabei kann es auch um ganz andere Dinge als um Aufträge gehen, zum Beispiel um den Lebenspartner oder die Arbeitsstelle. Hätte sich Michelle von der Überzeugung leiten lassen: »Du musst dankbar sein, dass du einen Mann hast«, wäre sie wahrscheinlich bei Stefan geblieben, selbst wenn er lieblos zu ihr war.

Der Zeitpunkt ist gekommen, an dem wir unsere erlernten Glaubenssätze hinterfragen sollten – wenn wir nicht einfach »Opfer« eines uns benachteiligenden Konzepts sein wollen.

Herrin im eigenen Haus?

Jeder Mensch hat den Traum, selbstbestimmt zu leben und sein Leben nach seinen eigenen Regeln zu gestalten – Herrin und Herr im eigenen Haus zu sein. Wir glauben gerne, dass wir unser Leben so führen, wie wir es für richtig halten. Doch in Wirklichkeit lassen wir uns durch Überzeugungen leiten, die wir von wichtigen Bezugspersonen wie Eltern, Familie oder Lehrer übernommen oder die wir uns aufgrund von prägenden Erlebnissen oder Erfahrungen gebildet haben. Damit setzen wir oft das Leben unserer Eltern, unserer Familie oder Kultur fort, mit dem wir aufgewachsen sind.

Kürzlich habe ich einen Artikel mit dem etwas irritierenden Titel »Exorcize your parents« gelesen, was so viel heißt wie: »Treibe den Geist deiner Eltern aus«. Ganz so extrem würde ich es nicht ausdrücken, da wir von unseren Eltern auch viele nützliche Überzeugungen mit auf den Weg bekommen haben. Der Ausspruch drückt aber treffend aus, dass diese inneren Überzeugungen nicht selbst gewählt sind, sondern uns von anderen Menschen beigebracht wurden.

Unsere inneren Überzeugungen geben uns Halt und ein Gefühl von Sicherheit. Sie sagen uns, wie wir eine bestimmte Situation interpretieren und wie wir uns in dieser Situation verhalten sollen. Sie geben einen teilweise über Generationen erprobten Weg vor, auf dem wir uns sicher bewegen können. Allerdings engen sie uns damit auch ein, da sie uns daran hindern, unbekannte Wege zu gehen und neue Erfahrungen zu machen.

Je nachdem, woran wir glauben, verhalten wir uns entsprechend: Wer davon überzeugt ist, dass er grundsätzlich alles kann, wenn er es nur anpackt, wird so lange aktiv nach Lösungen suchen, bis er einen Weg gefunden hat. Wer hingegen mit dem Glaubenssatz »Schuster, bleib bei deinen Leisten« groß wurde, wird Herausforderungen grundsätzlich kritisch gegenüberstehen und sich nur zaghaft neuen Dingen zuwenden.

Dabei sind Glaubenssätze nicht per se gut oder schlecht. Es kommt darauf an, welche Auswirkungen sie auf uns haben. Helfen sie uns, unser Leben so zu gestalten, wie wir es anstreben, sind sie »gut«. Behindern sie uns jedoch an unserer Entfaltung, sind sie »schlecht«. Unsere Überzeugungen sollen wir also immer daran messen, welche Auswirkungen sie auf uns und unser Leben haben.

Autopilot raus!

Elli hat das Gefühl, dass Angela sich über sie lustig macht, und das möchte sie nicht auf sich sitzen lassen. »Und du?«, fragt sie Angela herausfordernd, »hast du keine solchen verkorksten Überzeugungen?«

»Hmm, doch sicher. Als ich schwanger war, habe ich eine schwierige Zeit durchgemacht. Ich hatte einen tollen Job, der mir Freude machte, und ich genoss auch meine finanzielle Unabhängigkeit. Deshalb wollte ich meine Arbeit nicht aufgeben. Gleichzeitig wollte ich auch eine Mutter sein, die für ihre Kinder da ist, wenn sie aus der Schule kommen oder Probleme haben und jemanden zum Reden brauchen. Als ich dann schwanger war, war ich hin und her gerissen. Ich wusste: Wenn ich den Job behalte, habe ich meiner Familie gegenüber ständig ein schlechtes Gewissen. Kündige ich, muss ich auf etwas verzichten, was mir ebenfalls wichtig ist.«

»Und wie hast du dich entschieden?«, fragt Helen.

»Ich habe viele Gespräche mit Nigel geführt. Er hat mich nie so richtig verstanden, weil es für ihn klar war, dass ich auch arbeiten kann, wenn wir Kinder haben. Seine Mutter war immer berufstätig, er kannte es als Kind nicht anders. Und das hat mir irgendwann die Augen geöffnet.«

»Wofür?«, fragt Elli. Ihren Ärger hat sie komplett vergessen.

»Dass es verschiedene Sichtweisen gibt, je nachdem, wie man aufgewachsen ist. Meine Mutter war immer für die Familie da. Wenn ich nach der Schule nach Hause kam, setzten wir uns als Erstes zusammen ins Wohnzimmer, ich erzählte von der Schule. Ich genoss diese Zeit, wo ich meine Mutter ganz für mich allein hatte. Heute glaube ich, dass mich dieses kleine Ritual stark geprägt hat. Ich habe unbewusst die Idee entwickelt, dass eine gute Mutter nicht auch noch außer Haus arbeiten darf, sondern jederzeit für die Kinder da sein soll. Ich habe nach der Überzeugung gelebt: Eine gute Mutter ist rund um die Uhr für ihre Kinder da.«

Aufgrund der schönen Stunden, die Angela als Mädchen mit ihrer Mutter erleben durfte, wollte sie dem Verhalten ihrer Mutter nachleben und für ihre Kinder eine ebenso gute Mutter sein. Nur kam ihr etwas dazwischen: ihre Liebe zum Beruf. Deshalb ließ sich der Lebensplan der Mutter nicht einfach auf Angelas Leben übertragen. Zum Glück hat Angela erkannt, dass es nun an ihr ist, zu entscheiden, welchen Weg sie gehen will. Hätte sie dies nicht erkannt, hätte sie zum Schluss nicht ihr eigenes Leben geführt, sondern das Leben ihrer Mutter.

Angela hat erkannt, dass es auch andere Möglichkeiten gibt, ihr Leben zu gestalten – wenn sie ihre Überzeugungen erkennt und bereit ist, sie zu hinterfragen und möglicherweise zu ändern. Es ist nicht das Ziel, dass wir das Leben unserer Eltern duplizieren. Und dazu müssen wir erst einmal unsere unbewussten Überzeugungen aufdecken.

Ihr Leben ist ein Unikat. Kopieren Sie nicht das Leben Ihrer Eltern, sondern gehen Sie Ihren eigenen Weg.

In uns leben häufig Überzeugungen aus der Kindheit weiter, die uns bis heute im Weg stehen. Ein oft bei Frauen anzutreffendes Phänomen ist die Autoritätsgläubigkeit. Als Kind mag es sinnvoll sein, sich an einer Autoritätsperson zu orientieren. Wollen wir unser Leben als Erwachsene selbst in die Hand nehmen, kann uns dies behindern. Wenn wir vor lauter Ehrfurcht und Respekt vor unserem Vorgesetzten uns nicht trauen, uns durchzusetzen, obwohl wir uns ungerecht behandelt fühlen, ist das ein deutliches Signal dafür.

Dieser psychologische Mechanismus ist vergleichbar mit einem inneren Autopiloten: Solange wir nicht aktiv ins Geschehen eingreifen, übernehmen unsere Glaubenssätze das Steuer. Denn genau dafür sind sie da: Sie sollen uns das Leben erleichtern, indem sie uns in Millisekunden die richtig Lösung für eine unangenehme Situation aufzeigen. Nur leider ist das Programm des Autopiloten in diesem Fall veraltet. Denn wir sind nicht mehr das kleine Mädchen. Sondern die Frau, die alleine die Wahl hat.

Vom Trampelpfad zur neuronalen Autobahn

Vieles im Leben läuft automatisch. Daher ist es nicht so einfach, sich von alten Mustern zu lösen und uns auf ein neues Verhaltensmuster zu »programmieren«.

Wenn wir Dinge immer und immer wieder tun, zum Beispiel üben, ein Instrument zu spielen, entstehen nach einer gewissen Zeit sogenannte »neuronale Autobahnen«, die im motorischen Kortex unseres Großhirns sichtbar sind. Unser Gehirn ist mit einer blühenden Blumenwiese vergleichbar, über die eines Tages ein Mensch läuft. Dieser eine Spaziergang hinterlässt noch keine Spuren. Wenn aber immer mehr Menschen immer häufiger diesen Weg über die Wiese wählen, entsteht zuerst ein Trampelpfad und schließlich eine richtige Straße.

Dieser bildhafte Prozess geschieht auch, wenn wir neue Verhaltensweisen einüben. Wenn wir einmal am Klavier eine Fingerübung machen, hinterlässt das noch keine Spuren. Wenn wir jedoch immer und immer wieder die gleiche Übung machen, erlernt das Gehirn die entsprechenden Fähigkeiten und wird darin immer besser. Das gilt auch für andere Verhaltensweisen, wenn Sie beispielsweise lernen möchten, lauter zu sprechen. Am Anfang macht Ihnen dies Mühe und Sie müssen sich jedes Mal bewusst darauf besinnen, lauter zu sprechen. Mit der Zeit erlernt das Gehirn dieses Verhalten und Sie werden automatisch lauter sprechen – auch wenn Sie sich nicht bewusst darauf konzentrieren.

Das Gleiche passiert auch mit unseren Gedanken. Wenn wir normalerweise denken »Eigenlob stinkt«, ist unser Gehirn so programmiert. Wenn wir uns angewöhnen wollen, uns selbst mehr zu loben, müssen wir uns zunächst bewusst auf diesen Vorsatz konzentrieren und uns immer bewusst die Frage stellen: »Was habe ich heute geleistet, wofür ich mich loben kann?« Mit der Zeit lernen Sie, sich auf das Lob und diese lobenswerten Ergebnisse zu fokussieren.

Eine solche »Umprogrammierung« des Gehirns dauert natürlich eine Weile. Aber sie ist möglich. Denn wir können lernen – immer und zu jeder Zeit. Wichtig ist, dass Sie sich das gewünschte Verhalten immer wieder vor Augen führen.

Von wegen Multitasking!

Es gibt viele gesellschaftlich verankerte Bilder über die Stärken und das Verhalten von Frauen wie »Frauen sind empathisch«, »Frauen können gut Beziehungen knüpfen« oder »Frauen sind multitasked«.

Dabei handelt es sich um Stereotype, also um Vorstellungen, die wir uns von den Frauen machen, die jedoch mit der individuellen Realität nicht viel gemeinsam haben. Ich beispielsweise bin alles andere als multitasked. Bei Tätigkeiten, die meine Konzentration erfordern, schließe ich mich am liebsten ein und konzentriere mich ganz auf diese eine Aufgabe. Alles andere würde mich verzetteln und mich Zeit und Energie kosten.

Frauen lassen sich häufig von solchen Erwartungshaltungen leiten, die nicht sehr hilfreich für die Gestaltung eines selbstbestimmten Lebens sind. Folgende fünf Kategorien von Überzeugungen stellen sich uns Frauen immer wieder in den Weg:

1. Überzeugungen, die uns abwerten, schwach, klein und mutlos machen:

    »Ich bin nicht gut genug.«

    »Ich bin nicht liebenswert.«

    »Jeder kann das besser als ich.«

    »Wenn es mir schlechtgeht, habe ich es verdient.«

    »Das Leben ist ungerecht.«

2. Überzeugungen, die uns unter Druck setzen:

    »Ich muss perfekt sein.«

    »Ich muss alles alleine schaffen.«

    »Wer A sagt, muss auch B sagen.«

    »Sei lieb und fleißig, dann wirst du ein gutes Leben haben.«

    »Rabenmutter!«

3. Überzeugungen, die uns in die Schublade »Frau« stecken:
   »Frauen sind zu emotional.«
   »Mädchen sind schlecht in Mathe.«
   »Frauen können nicht logisch denken.«
   »Frauen sind zickig.«
   »Frau am Steuer – Ungeheuer.«
   »Das macht eine Dame nicht!«
4. Überzeugungen, die uns auf unserem angestammten Platz halten:
   »Hochmut kommt vor dem Fall.«
   »Besser den Spatz in der Hand als die Taube auf dem Dach.«
   »Sei dankbar, dass du einen Job/einen Mann/gesunde Kinder/ein Dach über dem Kopf hast.«
   »Erst die Arbeit, dann das Vergnügen.«
   »Tu dich nicht so hervor. Du bist doch nichts Besonderes.«
5. Überzeugungen, die uns in Job und Karriere behindern:
   »Ich habe doch nur meinen Job gemacht.«
   »So toll sind meine Ergebnisse nun auch wieder nicht.«
   »Ich kann das nicht.«
   »Eigenlob stinkt.«
   »Frauen sind schlechte Netzwerkerinnen.«
   »Ohne Studium kommst du nicht weiter.«

Vielleicht erkennen Sie im einen oder anderen Satz auch Überzeugungen, die Ihr Leben prägen. Vielleicht haben Sie aber auch andere Glaubenssätze, die Sie schwächen oder zurückhalten.

Der Saboteur in uns

Wir tragen die Vergangenheit intensiver mit uns herum, als wir ahnen, und richten häufig, ohne es zu bemerken, unser Leben danach aus. Wenn wir veraltete Überzeugungen nicht aufdecken und verändern, wirken sie weiter und werden weiterhin bestimmen, wie wir unser Leben gestalten.

Finden Sie heraus, welche unbewussten Überzeugungen Ihr Leben bisher geprägt haben und welchen Sie auch heute noch nachleben. Lesen Sie die oben stehenden Überzeugungen nochmals in Ruhe durch und markieren Sie spontan die Sätze, die Ihnen bekannt vorkommen. Wie reagieren Sie auf die einzelnen Aussagen? Spüren Sie bei einigen Sätzen eine körperliche Reaktion? Vielleicht macht der Satz Sie niedergeschlagen oder sogar wütend. Das bedeutet, dass er etwas mit Ihnen zu tun hat. Nur wenn ein Satz Sie kalt lässt, betrifft er Sie nicht.

Gehen Sie dann einen Schritt weiter und notieren Sie, welche zusätzlichen Überzeugungen Ihnen einfallen, die Sie als Kind geprägt haben:

- Welche Sätze habe ich in meiner Kindheit häufig gehört?
- Was waren beliebte Sprüche meiner Eltern oder Lehrer?
- Welche Bemerkungen haben mich als Kind so beeindruckt, dass ich sie nie mehr vergessen habe?

Und wie sieht es heute aus? Finden Sie heraus, welche Überzeugungen Sie heute noch beeinflussen und wie Sie zu diesen stehen:

- Welche Überzeugungen aus meiner Kindheit beeinflussen mich auch als erwachsene Frau?
- Gibt es Glaubenssätze, die später dazugekommen sind und heute meine Gedanken, Gefühle und mein Handeln beeinflussen?

- Welche dieser Überzeugungen sind positiv für mein Leben?
- Welche Glaubenssätze behindern mich beim Verfolgen meiner Ziele?

Schuld- und Schamgefühle haben ihre Ursache meist in inneren Überzeugungen. Als ich kürzlich in einem Restaurant einem anderen Gast einen frei werdenden Tisch weggeschnappt habe, wurde ich sofort von Schuldgefühlen gepackt: »Das macht man doch nicht! Man lässt den anderen den Vortritt. Hoffentlich hat das niemand gesehen.« Als wir dann unser Lieblingsgericht bestellen wollten, war das soeben ausgegangen und wir mussten etwas anderes wählen. »Das hast du nun davon«, schoss es mir durch den Kopf, »das ist die Strafe, weil du so egoistisch warst. Gott straft sofort!«

Natürlich sind diese Gedanken absurd. Es gibt keinerlei Zusammenhang zwischen der Tischzuteilung und dem verfügbaren Essen. Und dass eine höhere Macht das Ganze koordinieren sollte, ist unrealistisch.

Sobald wir uns unserer Glaubenssätze also bewusst werden, können wir – bewusst – dagegen argumentieren.

Ich kann auch anders

»Und wie ist es gekommen, dass du jetzt doch arbeitest?«, will Helen von Angela wissen.

»Ich habe gemerkt, dass ich für meine Kinder da sein will – aber nicht rund um die Uhr. Dadurch hat sich meine Einstellung verändert: Ich habe gelernt, dass ich auch für meine Kinder da sein kann, wenn ich arbeite. Und ich habe meine Arbeitszeiten in der Apotheke reduziert und arbeite nur noch vormittags. So kann

Nigel am Morgen die Kinder verabschieden und ich bin daheim, wenn sie von der Schule kommen.«

»Das ist wirklich toll«, gesteht Elli anerkennend ein. Sie ist jetzt doch froh, dass sie ihren Freundinnen von ihrem Problem wegen der Honorare erzählt hat. »Ich muss wohl meine Einstellung auch ändern.«

»Und was willst du ändern?«, fragt Helen.

»Ich möchte meine Preise festlegen, so wie ich es für richtig halte. Und Anfragen, die unter diesen Preisen liegen, ohne schlechtes Gewissen ablehnen.«

Ein wesentlicher Aspekt beim Auflösen von Glaubenssätzen ist das Hinterfragen. Es geht nicht darum, sofort alles radikal zu ändern, sondern darum, dass wir uns bewusst werden, nach welchem Programm wir funktionieren. Danach können wir uns fragen, ob dieses Programm für uns stimmig ist oder nicht. Es kann durchaus sein, dass ein alter Glaubenssatz nach wie vor Sinn macht und wir ihn in unserem Leben haben wollen. Es kann aber auch sein, dass wir ihn loswerden wollen, weil er uns behindert. Dann müssen wir uns von ihm trennen oder ihn zu unseren Gunsten verändern.

Häufig ist es schon hilfreich, tatsächliche Beweise aus dem eigenen Leben zu finden, die zeigen, dass ein Glaubenssatz nicht zutreffend ist, sondern eine gewohnte Floskel darstellt. Elli führt eine sehr erfolgreiche Internetfirma, die keine Auftragsprobleme hat. Ihre Angst vor leeren Auftragsbüchern ist deshalb zumindest momentan nicht gerechtfertigt.

Formulieren Sie richtig

Eine hinderliche Überzeugung umzuwandeln gelingt am besten, wenn Sie den negativen Glaubenssatz in einen positiven, bestärkenden Satz umformulieren. Dieser bestärkende Satz soll jedoch nicht einfach ein aus der Luft gegriffener Spruch sein, an den Sie sowieso nicht richtig glauben, sondern er soll für Sie gültig und verbindlich sein. Würden Sie für den negativen Satz »Ich bin nicht gut genug« den alternativen Satz »Ich bin in allem die Beste« wählen, würden Sie ziemlich sicher nicht daran glauben. Wenn Sie sich aber sagen: »Ich bin in vielem so gut wie die anderen«, dürften Sie dem innerlich schon eher zustimmen.

Wenn ihr neuer Glaubenssatz wirksam sein soll, muss die innere Vorstellung, die wir uns davon machen, erfreulich und erstrebenswert sein. Formulierungen wie »nicht«, »keine«, »ohne«, »niemand«, »...los« sowie das Präfix »un« sollten Sie deshalb durch positive Formulierungen ersetzen. Also nicht: »Ich bin furchtlos«, sondern: »Ich bin mutig«.

Außerdem sollten Sie den bestärkenden Glaubenssatz in der Ich-Form formulieren. Er sollte also nicht Formulierungen wie »alle«, »Frauen« oder »man« beinhalten. Den Satz »Frauen sind zu emotional« könnten Sie in einem ersten Schritt umformulieren in »Frauen sind emotional – und das ist wertvoll«. In einem zweiten Schritt ersetzen Sie die »Frauen« durch sich selbst und sagen selbstbewusst: »Ich bin emotional – und das macht mich wertvoll.«

Wecken Sie große Gefühle

Schließlich sollten Sie versuchen, Ihren hilfreichen Glaubenssatz etwas blumiger und pompöser zu formulieren, da er durch eine bildhafte, metaphorische, vielleicht sogar vermeintlich kitschige Formulierung emotionaler und motivierender wird.

Wie könnte der neue positive Satz »Ich bin emotional – und das macht mich wertvoll« emotional aufgewertet werden? Machen Sie ein Brainstorming und notieren Sie alle Sätze, die Ihnen in den Sinn kommen:

»Ich genieße meine emotionale Seite – sie macht mich wertvoll.«

»Meine Emotionen machen mich wertvoll.«

»Meine Gefühle sind wertvoll.«

»Meine Gefühle bereichern mein Leben.«

»Ich lebe mit Herz und Seele.«

»Ich lebe meine Emotionen – mutig und spielerisch.«

»Meine Emotionen begeistern.«

Scheuen Sie sich nicht, hier etwas dick aufzutragen und auch vermeintlich kitschige Formulierungen zuzulassen. Der Satz soll große Gefühle wecken und Sie in Ihrem Herzen ansprechen. Wenn Sie Ihren neuen Glaubenssatz sagen oder denken, soll er Ihnen ein warmes, stärkendes Gefühl geben. Achten Sie deshalb auf Ihre körperliche Reaktion. Wenn Sie spüren: »Ja genau, das ist es! Wenn ich so leben kann, bin ich glücklich«, dann ist die Formulierung richtig.

Wenn Sie stark in Ihren negativen Überzeugungen verhaftet sind, kann es sein, dass Ihnen keine oder nur wenige bestärkende Alternativen und Formulierungen einfallen. Dann holen Sie sich Hilfe. Fragen Sie liebe Menschen aus Ihrem Bekanntenkreis, ob sie noch weitere Ideen haben.

»Also, im Grunde möchtest du für deine Arbeit die Bezahlung erhalten, die du für gerechtfertigt hältst«, fasst Helen zusammen.

»Ja genau!« Elli wird ganz aufgeregt. »Und vor allem möchte ich den Mut haben, das auch wirklich so durchzuziehen. Das ist nämlich gerade mein Problem: Ich traue mich nicht, weil ich Angst davor habe, Aufträge zu verlieren.«

Aber das ist absurd. »Du hast doch immer Aufträge – und dafür sollst du dankbar sein«, sagt Angela bestimmt.

»Wow, das sagst du schön!«, meint Elli begeistert. »Mit dieser Einstellung wird es mir viel leichter fallen, ›Nein‹ zu sagen.«

- -

5. Schritt: Machen Sie aus Ihrem Leben ein Unikat

Kopieren Sie nicht das Leben anderer. Machen Sie aus Ihrem Leben ein Einzelstück und gestalten Sie es nach Ihren eigenen Regeln. Werden Sie sich bewusst, welche unbewussten Überzeugungen Ihr Leben steuern, und machen Sie sich frei von einschränkenden Glaubenssätzen. Haben Sie den Mut und die Beharrlichkeit, sich mit Ihren Gedanken auseinanderzusetzen. Erarbeiten Sie bestärkende Überzeugungen, die Ihrem Selbst entsprechen, die Sie vorwärtsbringen und Ihr Leben bereichern.

- -

»Nur perfekt ist gut genug« und andere Irrtümer

»Na, dann wäre ein Problem gelöst«, sagt Angela lachend und wendet sich Helen zu. »Warum bist du heute so schweigsam? Ist dir auch etwas über die Leber gekrochen?«

»Ich weiß nicht recht. Nein, eigentlich nicht. Eher im Gegenteil. Die Zahnklinik, in der ich vor der Geburt von Maximilian gearbeitet habe, hat mir eine 30-Prozent-Anstellung als Dentalhygienikerin angeboten. Die leitende Zahnärztin hat mich angerufen und gemeint, alle Kundinnen seien immer sehr zufrieden mit meiner Arbeit gewesen, und sie würden mich sehr gerne wieder ins Team aufnehmen.«

»Das sind ja tolle Neuigkeiten, gratuliere!«, sagt Elli erfreut. Sie weiß, dass Helen ihre Arbeit und vor allem den Kontakt zu den Arbeitskolleginnen und den Patienten in den letzten Jahren vermisst hat. »Und, hast du zugesagt?«

Helene errötet. Dann sagt sie zögerlich: »Ich glaube nicht, dass dies der richtige Zeitpunkt ist. Anna und Maximilian sind doch erst sieben und neun, da wäre es nicht gut, wenn ihre Mutter bereits wieder arbeitet.«

Elli zieht die Augenbrauen hoch. »Ach ja? Ich dachte, dass du deine Arbeit vermisst. Und das wäre doch eine ausgezeichnete Gelegenheit für einen Wiedereinstieg.«

»Und es sind ja nur 30 Prozent«, fügt Angela an. »Ich habe immer gearbeitet, auch als die Mädchen klein waren. Und ich habe nicht das Gefühl, dass ihnen das geschadet hat.«

»Wieder arbeiten wäre schon schön«, gibt Helen zu. »Aber offen gesagt bin ich gar nicht sicher, ob ich noch genügend qualifiziert für diese Arbeit bin. Ich bin jetzt schon fast zehn Jahre raus aus dem Beruf.«

»Ach was, das machst du mit links. Vielleicht brauchst du noch einen Kurs wegen der neuen Geräte oder Techniken oder so. Aber sonst? Hey, Zähne sind Zähne. Die waren vor zehn Jahren auch nicht groß anders.«

Doch Ellis Bemerkung kommt bei Helen nicht gut an. Etwas pikiert antwortet sie: »Du hast keine Ahnung. Es gab auf dem Gebiet der Zahnmedizin große Fortschritte in den letzten Jahren. Und der Mund ist ein äußerst sensibler Bereich. Wenn ich da nicht perfekt arbeite, ist das eine Katastrophe.«

»Aber Helen, denkst du, die Chefin würde dich persönlich anrufen, wenn sie an deinen Fähigkeiten zweifelt? Sie traut dir den Job ganz offensichtlich zu.« Angela versucht, die Wogen zu glätten.

»Ach, ich weiß nicht. Wie will sie das nach zehn Jahren beurteilen können? Außerdem passt es momentan auch mit der Familie nicht wirklich. Anna und Maximilian sind noch klein. Ich will keinen Job annehmen, bei dem ich nicht zu Hause sein kann, wenn die Kinder aus der Schule kommen.

»Und was ist mit Rainer? Der könnte dir doch helfen?«, schlägt Angela vor.

Doch Helen schüttelt den Kopf. »Das geht nicht. Seit Rainer in der Anwaltskanzlei zum Partner befördert wurde, kommt er selten vor 20 Uhr nach Hause. Er findet es gut, dass ich zu Hause bin. Er würde es bestimmt nicht verstehen, wenn ich lieber in der Zahnklinik arbeite, als ihn zu unterstützen.« Nach einer kurzen Pause fügt sie störrisch hinzu: »Außerdem ist das eine abgemachte Sache zwischen uns, dass er seine Karriere vorantreibt und ich für die Familie zuständig bin. Und es wäre mir unangenehm, meine Meinung plötzlich zu ändern.«

Helen steckt in einem Dilemma, das aus ihrer Sicht ausweglos erscheint. Kein Wunder, denn ihr Denken ist von Glaubenssätzen bestimmt, die in ihrem Leben eine wichtige Rolle spielen: »Du musst perfekt sein«, »Wer A sagt, muss auch B sagen« und »Mach es allen recht«. Diese drei Glaubenssätze sind typisch für Frauen. Und sie sind hauptverantwortlich dafür, dass es Frauen schwerfällt, ihr Leben zu entfalten. Daher möchte ich sie gegen alternative, bestärkende Sätze austauschen, die zu einem selbstbestimmten und authentischen Leben ermutigen.

»Wer A sagt, muss auch B sagen«

Dieser Spruch ist in unserer Kultur tief verwurzelt. Er basiert auf dem gesellschaftlichen Prinzip, dass wir unserer Meinung treu bleiben sollen. Wer häufig seine Meinung ändert, handelt sich schnell den Ruf ein, »wie eine Fahne im Wind« zu sein; was so viel bedeutet wie unzuverlässig und wenig vertrauenswürdig.

Sicher erinnern Sie sich daran, wie Sie als Kind ein Hobby begonnen haben und kurze Zeit darauf lieber etwas anderes machen wollten. Meist haben die Erwachsenen Sie dann zurechtgewiesen mit dem Hinweis, dass man etwas Begonnenes auch zu Ende bringen soll.

Auch Helen möchte die mit ihrem Mann getroffenen Abmachungen nicht mehr rückgängig machen. Dahinter steht die Überzeugung, dass es eine Charakterschwäche ist, wenn man seine Meinung ändert. Dass Prinzipientreue in unserer Gesellschaft hoch geachtet wird, macht auch Sinn. Denn nur wenn wir uns auf unsere Mitmenschen verlassen können, entsteht Vertrauen und damit auch ein sinnvolles Zusammenleben. Insofern hat Verlässlichkeit schon seine Richtigkeit. Allerdings nur so lange, wie sie uns nicht an unserer Entwicklung hindert – was bei Helen durchaus der Fall sein könnte.

Was denken Sie: Darf Helen die bereits getroffene Abmachung infrage stellen? Darf sie ihrem Mann die neue Situation schildern und versuchen, einen neuen »Vertrag« mit ihm auszuhandeln? Oder zeugt das von Charakterschwäche? Für mich ist die Antwort klar: Sie darf. Warum sollte sie stur an einer Abmachung festhalten, die für sie nicht mehr stimmt?

Leider denken viele Frauen wie Helen. Sie wagen es nicht, ihre Haltung zu ändern und damit vielleicht jemanden zu brüskieren – auch wenn es für sie bessere Alternativen gäbe.

Sie dürfen Ihre Meinung ändern

Falls Sie zu den zuverlässigen Menschen gehören, die Begonnenes gerne zu Ende führen und die generell viel Rücksicht auf die anderen nehmen, machen Sie sich immer wieder bewusst: Sie dürfen Ihre Meinung ändern. Wenn Sie dem Kollegen Ihre Unterstützung in einem Projekt zugesichert haben und dann merken, dass Sie einfach nicht genügend Zeit für diese Zusatzaufgabe haben: Sie dürfen Ihre Meinung ändern. Wenn Sie mit Ihrer Freundin verabredet sind und Ihnen gar nicht nach einem Treffen zumute ist: Sie dürfen Ihre Meinung ändern. Wenn Sie sich für eine Wanderung mit den Vereinskollegen angemeldet haben, die Sie wegen einer Erkältung nicht wahrnehmen wollen: Sie dürfen Ihre Meinung ändern.

Wandeln Sie den Glaubenssatz »Wer A sagt, muss auch B sagen« um. Hier einige Vorschläge:

»Ich darf meine Meinung ändern.«

»Ich darf meine Meinung ändern – und bin immer noch rücksichtsvoll.«

»Meine Meinung ist kostbar. Ich darf sie ändern.«

»Jeder Mensch darf seine Meinung ändern – auch ich!«

»Du musst perfekt sein«

Der Drang nach Perfektionismus ist oft Ausdruck einer großen Unsicherheit im Leben. Der Wunsch nach Perfektionismus wurzelt in der Angst, nicht liebenswert zu sein und von anderen abgelehnt zu werden. Perfektionisten glauben, sich Liebe und Anerkennung durch fehlerlose Leistungen erarbeiten zu können. Ein Trugschluss.

Der perfektionistische Teil in uns gaukelt uns vor, dass er uns all das geben wird, was wir uns so sehr wünschen: Zuneigung und Anerkennung. Und so versuchen wir, die perfekte Mutter zu sein, die perfekte Ehefrau, die perfekte Mitarbeiterin, die perfekte Freundin, die perfekte Tochter. Nur um zu merken, dass er nie zufrieden ist und nie aufhören wird, uns zu kritisieren, egal, wie sehr wir uns bemühen. Dass es die perfekte Lösung, das perfekte Verhalten gar nicht gibt, da wir immer noch besser, noch höher, noch schneller könnten.

Perfektionismus hat einen hohen Preis. Im besten Fall investiere ich mehr Zeit als eigentlich nötig und verpasse die Möglichkeit, mich um andere, vielleicht wichtigere Dinge zu kümmern. Denn nur wenn ich eine Aufgabe perfekt abgeschlossen habe, darf ich mich um die nächste kümmern.

Weil wir perfekt sein wollen, sehen wir nicht,
was uns im Leben wichtig ist.

Im schlechtesten Fall verzichte ich auf eine große Chance, weil ich befürchte, nicht zu genügen. Wie Helen, die aus Angst, ihren eigenen Ansprüchen nicht gerecht zu werden, einen Job ablehnt. Dabei würde sie gerne arbeiten, und ihre ehemalige Chefin traut es ihr zu. Aber die Perfektionistin in ihr legt die Messlatte so hoch, dass der Misserfolg vorprogrammiert ist.

Und genau das passiert uns im Leben immer wieder. Wir nehmen uns Dinge vor und erwarten von uns Leistungen, die zu erbringen unmöglich sind. Denn unsere Vorstellung von Perfektion ist so unrealistisch, dass wir sie nie verwirklichen können.

Tugend oder Laster?

Natürlich lässt sich argumentieren, Perfektionismus bringe uns weiter und treibe uns zu Höchstleistungen an. Es gibt tatsächlich Berufe, in denen man nur vorankommt und es zu etwas bringt, wenn man nach Perfektion strebt. Wenn Sie eine Herzchirurgin sind, werden Ihre Patienten es Ihnen danken, wenn Sie möglichst gewissenhaft und pflichtbewusst arbeiten. Und wenn Sie die Beste auf Ihrem Gebiet sein wollen, werden Sie Ihr Ziel mit Mittelmaß nicht erreichen. In den meisten Fällen gilt jedoch: Gut ist gut genug!

Perfektionismus führt dazu, dass Sie Ihre eigenen Standards nur selten erreichen und nie wirklich mit sich und Ihrer

Leistung zufrieden sind. Im Gegenteil: Sie halten sich für minderwertig und glauben, andere würden Sie wegen Ihrer mangelnden Leistung weniger mögen. Dadurch sinkt Ihr Selbstwertgefühl. Statt jedoch Ihre Anforderungen an sich herunterzuschrauben, was ein kluges Verhalten wäre, setzen Sie die Messlatte einige Zentimeter höher. Mit dem Resultat, dass Sie erneut scheitern. Ein Teufelskreis.

Perfektionismus hat schon viele Frauen in die Erschöpfung getrieben. Denn Frauen sind unglaublich fleißig und bemüht, überall ihr Bestes zu geben. Wer jedoch auf allen Gebieten perfekt sein will, wird zwangsläufig scheitern.

Eine gute Mutter sein zu wollen, gute Arbeit leisten zu wollen ist nichts Negatives. Es zeigt, dass Ihnen das, was Sie tun, wichtig ist. Es zeigt, dass Sie eine engagierte Mitarbeiterin sind, die sich für ihre Aufgaben und ihr Unternehmen einsetzt. Das ist grundsätzlich positiv. Aber vom Moment an, da Sie sich selbst schinden und sich für etwas anderes aufopfern, beginnen Sie, sich selbst zu schaden. Und dann sollten Sie innehalten.

Vorsicht Falle!

Doch leider ist das gar nicht so einfach. Denn wie alle unsere Eigenschaften und Verhaltensweisen ist auch der Perfektionismus ein Automatismus. Mit anderen Worten: Sie bemerken ihn nicht. Sie sind so vertieft in Ihre Mission, Ihr Bestmögliches zu geben, dass Sie Ihr Verhalten gar nicht hinterfragen. Und das ist ein Problem, denn wenn uns unser eigenes Verhalten nicht bewusst wird, können wir auch nichts dagegen tun.

Wie also merken Sie, dass Sie erneut in die Perfektionismus-Falle getappt sind? Beobachten Sie Ihre Gedanken. Hören Sie sich zu, wenn Sie mit sich selbst reden. Denken Sie Dinge wie »Wenn ich das nicht schaffe, dann bin ich eine Versagerin«? Oder »Wenn ich das nicht fehlerfrei hinkriege, werden mich die anderen ablehnen«? Oder wie Helen sagt: »Wenn ich nicht perfekt arbeite, ist das eine Katastrophe«? Das sind typische Anzeichen dafür.

Einen weiteren wichtigen Hinweis liefert die Art und Weise, wie Sie mit Kritik umgehen. Fühlen Sie sich bei Kritik schnell gekränkt und stellen Ihre eigene Kompetenz infrage? Grübeln Sie noch lange über Ihren (vermeintlichen) Fehler nach und überlegen, wie Sie sich anders hätten verhalten können? Gewichten Sie eine kritische Rückmeldung stärker als zehn wohlwollende? Dann kann es gut sein, dass Sie zu hohe Anforderungen an sich stellen.

Für einige Minuten laufen die drei Frauen schweigend nebeneinanderher. Schließlich greift Angela den Faden wieder auf: »Ich finde, du erwartest zu viel von dir. Ich bin sicher, dass du genügend qualifiziert bist, um den Job zu machen, sonst würde dich die Zahnklinik nicht anfragen. Und dein Haushalt ist sowieso picobello, da könntest du auch einmal etwas weniger machen.«

»Wie hast du's denn gemacht, als deine Mädchen klein waren?«, will Elli von Angela wissen.

»Ich war mir von Anfang an bewusst, dass ich Abstriche machen muss. Dass ich nicht alles selbst machen und nicht rund um die Uhr für die Mädchen da sein kann. Außerdem«, sagt Angela mit einem Lächeln, »war putzen nie meine Leidenschaft. Es war mir ganz recht, eine Putzfrau anzustellen. Und die Mädchen gingen in die Kita. Was die übrigens ganz toll fanden.«

»Nur weil das für dich so richtig war, muss es ja nicht auch für mich richtig sein«, entgegnet Helen spitz und denkt: »Was fällt

Angela ein, sich in mein Leben einzumischen und mich zu kritisieren?« Helen bereut, dass sie das Thema angeschnitten hat. Klar würde sie gerne wieder arbeiten und etwas mehr unter Leute kommen. »Aber die Anforderungen sind einfach zu hoch«, denkt sie verzweifelt. »Und Angelas Vorschlag zu folgen, im Haus weniger zu machen, das kann ich mir gar nicht vorstellen. Eine Putzfrau würde das nie so sorgfältig machen wie ich. Die würde meinen Ansprüchen nie genügen.«

Bieten Sie dem Perfektionismus die Stirn

Wir Frauen haben hohe Ansprüche an uns und unsere Leistung. Dabei übersehen wir, dass eine gute Leistung in vielen Fällen absolut ausreicht. Doch was unterscheidet eine »gute Leistung« von einer »perfekten Leistung«?

Der Ökonom Vilfredo Pareto hat dazu ein hilfreiches Modell entwickelt: die 80-20-Regel. Es besagt, dass die ersten 80 Prozent einer Aufgabe in 20 Prozent der Zeit erledigt werden können. Um die dann noch fehlenden 20 Prozent zu erarbeiten, müssen 80 Prozent der Gesamtzeit aufgewendet werden. Mit anderen Worten: Mit einem relativ kleinen Zeitaufwand erzielen Sie bereits ein gutes Ergebnis. Damit Sie jedoch nicht nur ein gutes, sondern ein perfektes Ergebnis erreichen, müssen Sie einen sehr großen zeitlichen Mehraufwand betreiben – ein Einsatz, der sich nur in den seltensten Fällen lohnt.

Es war ein wunderbares Gefühl, als ich mein erstes Buch zum allerersten Mal in den Händen hielt. Ich habe es gleich gelesen – und habe drei Tippfehler entdeckt. Drei Fehler, die man hätte vermeiden können – nein müssen! –, dachte ich. Entsetzt habe ich meiner Schwester davon erzählt. Doch statt mich zu unterstützen, hat sie nur den Kopf geschüttelt und gemeint: »Damit man auf 200 Seiten drei Fehler findet, von denen man nicht weiß, wo sie sind, muss man einen riesigen Aufwand betreiben. Und das lohnt sich ganz einfach nicht.« Sie hatte Recht. Wenn sie auf jeder Seite drei Fehler entdecken, denken die Leser, ein Buch sei schlecht gemacht. Aber drei Fehler auf 200 Seiten? Das bemerkt kaum jemand. Sie zu suchen ist ein Aufwand, den man sich sparen kann.

Die interessante Frage dabei lautet: Wenn ich nicht mehr die perfekte Lösung anstrebe, sondern mich mit 80 Prozent des Ergebnisses begnüge, auf welche 20 Prozent kann ich verzichten? Was an meiner Arbeit ist Pflicht – und was Kür? Wenn Helen sich entscheidet, dass ihr Haus nicht mehr blitzblank geputzt sein muss, sondern »nur« noch sauber, aufgeräumt und gepflegt, worauf kann sie verzichten? Muss sie immer noch täglich staubsaugen oder reicht es, wenn sie das jeden zweiten Tag macht? Wann ist »gut« eben gut genug?

Dies ist ein ganz wesentlicher Punkt. Ich bin sicher, weit mehr als die Hälfte der Frauen kennt das Gefühl, dass sie ihr Bestes geben – und dennoch nie genügen. Und immer wieder diese fiese kleine Stimme hören, die ihnen ins Ohr flüstert: »Das hättest du doch viel besser gekonnt.«

Machen Sie den ersten Schritt, indem Sie Ihren alten Glaubenssatz »Du musst perfekt sein« umwandeln. Wie könnte ein bestärkender Satz lauten? Hier einige Vorschläge:

»Gut ist gut genug.«

»Gut ist besser als perfekt.«

»Ich genieße meine guten Leistungen.«

»Ich gebe mein Bestes – und habe Freude daran!«

Was empfinden Sie, wenn Sie diese Sätze lesen? Fühlen Sie sich von einem Satz spontan angesprochen? Dann übernehmen

Sie diesen Satz und erinnern Sie sich in den kommenden Tage und Wochen regelmäßig daran. Vielleicht ist Ihr bestärkender Satz aber noch nicht dabei? Dann führen Sie die Liste so lange weiter, bis Sie Ihren Satz gefunden haben.

Stellen Sie sich vor, wie viel einfacher Ihr Leben ist, wenn Sie nicht mehr unrealistischen Vorstellungen hinterherhetzen müssen. Wie beglückend es ist, nicht immer das Gefühl zu haben, Sie hätten noch mehr tun müssen. Wie viel Zeit Sie gewinnen, die Sie für Dinge verwenden können, die Ihnen Spaß machen und Ihr Leben bereichern.

Behalten Sie die 80-20-Regel immer im Hinterkopf und überlegen Sie sich regelmäßig:

- Wann ist »gut« gut genug?
- Wo liegt die Grenze von »gut« zu »schlampig« und von »gut« zu »perfekt«?
- Und was bedeutet »gut« für die freche, wilde Frau in mir? Wann würde sie eine Aufgabe zufrieden als erledigt betrachten und sich schöneren Dingen widmen?

. . . .

Vergessen Sie Perfektionismus. Er macht Sie nicht glücklich. Konzentrieren Sie sich stattdessen auf das Ergebnis, das Sie erzielen wollen, und legen Sie fest, wann »gut« gut genug ist.

. . . .

»Mach es allen recht!«

Helen ist verzweifelt. Was soll sie bloß machen? Sie hat das Gefühl, alle erwarten etwas von ihr, und sie weiß nicht, wie sie das alles unter einen Hut bringen soll: »Rainer will, dass ich mich um den Haushalt und die Kinder kümmere. Meine frühere Chefin will, dass ich wieder bei ihr in der Zahnklinik arbeite. Meine Mutter will, dass ich für sie einkaufe und ihr bei der Hausarbeit helfe. Und meine Freundinnen erwarten, dass ich die Hausarbeit schleifen lasse und einen Job annehme.«

Es scheint keinen Ausweg zu geben. Pessimistisch denkt sie: »Was ich auch tue, jemand wird enttäuscht sein. Rainer hält mich dann vielleicht für eine schlechte Mutter, meine Chefin denkt, ich tauge bloß noch zum Hausmütterchen, meine Mutter denkt, ich wolle sie nicht unterstützen, und meine Freundinnen wenden sich vielleicht von mir ab, weil ich die Einzige in der Runde bin, die nicht arbeitet.«

Manchmal haben wir das Gefühl, wir könnten es niemandem recht machen. Was wir auch tun, es ist falsch. Das hat damit zu tun, dass wir uns zu sehr an den anderen Menschen orientieren und an dem, was sie, wie wir glauben, von uns wollen.

• •

Es ist unmöglich, es allen recht zu machen.
Also machen Sie es sich selbst recht.

• •

Wir alle sind geprägt von der Einstellung »Geben ist besser als nehmen«. Wir haben gelernt, die Wünsche der anderen ernst zu nehmen und nach Möglichkeit zu erfüllen. Diese Überzeugung führt dazu, dass wir deren Wünsche höher gewichten als unsere eigenen. Oder noch schlimmer: Dass wir ob all der pflichtgemäßen Erfüllung der Wünsche anderer komplett aus den Augen verlieren, was wir selbst wollen.

Viele Frauen halten nach wie vor an dieser Einstellung fest und geben auf diese Weise ihre Selbstbestimmung auf. Weit mehr Frauen als Männer schaden sich durch diese Einstellung. Statt sich die Bewunderung und Zuneigung der anderen zu sichern, erreichen sie genau das Gegenteil: Selbstaufopferung und Leugnung der eigenen Bedürfnisse führen zum Verlust der Selbstachtung und des Respekts durch andere. Denn eine aufopfernde »Ich will es dir doch nur recht machen«-Haltung gewinnt keine Herzen, sondern führt höchstens dazu, dass wir bemitleidet oder ausgenutzt werden.

Und nicht nur das. Wenn man es allen recht machen will, dann überfordert man sich sehr schnell und fühlt sich ausgelaugt und ausgebrannt. Wer sich auf Dauer aufopfert und dabei selbst ständig zu kurz kommt, dessen Batterien sind bald leer.

Wenn wir unsere Bedürfnisse ernst nehmen und darauf achten, dass es uns gut geht, führt das zwar zu gelegentlicher Ablehnung durch andere. Dafür gewinnen wir an Zufriedenheit und Selbstachtung.

Statt sich von den Erwartungen der anderen in die Enge treiben zu lassen, sollte Helen sich auf ihre eigenen Freuden, Wünsche und Bedürfnisse besinnen. Statt den Fokus auf die Erwartungen der anderen zu richten, sollte sie sich auf sich selbst konzentrieren:

* Was erwarte ich vom Leben?
* Was erwarte ich von mir selbst?
* Wenn es die Erwartungen der Menschen in meinem Umfeld nicht gäbe, wie würde ich dann entscheiden?

Vom richtigen Umgang mit falschen Erwartungen

Häufig haben wir das Gefühl zu wissen, was andere von uns erwarten. Doch ist es tatsächlich so? Meine Erfahrung ist die, dass Frauen die Erwartungen von anderen deutlich überschätzen. Da sie sehr hohe Ansprüche an sich selbst haben, denken Sie, alle anderen hätten das auch. Aber meistens ist das gar nicht so. Meistens sind die anderen mit weit weniger zufrieden als wir selbst.

Wir können keine Gedanken lesen. Und wir können uns nicht darauf verlassen, dass die anderen uns sagen, was sie von uns erwarten. Von der Last hoher Erwartungen können wir uns befreien, indem wir darüber sprechen: Welches sind die Bedürfnisse und Erwartungen der Menschen, die mich umgeben? Fragen Sie Ihren Mann, Ihre besten Freundinnen, Ihre Eltern, Ihre Chefin und derjenigen, welche in Ihrem Leben sonst noch eine wichtige Rolle spielen, was sie tatsächlich von Ihnen erwarten:

- Welche Erwartungen hast du an mich?
- Bist zu zufrieden mit der Art, wie es momentan läuft? Mit unserer Beziehung? Mit meiner Arbeit?
- Was gefällt dir an unserer Beziehung oder Zusammenarbeit?
- Gibt es Dinge, die du dir noch zusätzlich von mir wünschst?

Um herauszufinden, von welchen fremden Erwartungen wir uns gestresst fühlen, kann folgende Methode hilfreich sein: Nehmen Sie ein großes Blatt Papier, machen Sie für jede Person, die zu Ihrem täglichen Leben gehört, einen Kreis. Dann schreiben Sie alle Erwartungen in die Kreise, die diese Personen aus Ihrer Sicht an Sie richten. So sehen Sie alle Erwartungen auf einen Blick und können sie vergleichen. Wenn Sie das machen, werden Sie schnell feststellen, dass sich die Erwartungen teilweise widersprechen. Ein deutliches Zeichen, dass Sie es niemals allen recht machen können.

Und wenn Sie genau hinschauen: Gibt es vielleicht auch Erwartungen, die erst in Ihrem Kopf so groß geworden sind? Für Helen sieht es momentan so aus, also ob ihre Freundinnen von ihr erwarteten, dass sie den Job in der Zahnklinik annimmt. Sollte sie dies nicht tun, so Helens Befürchtung, kündigen sie ihr die Freundschaft auf. Doch woher weiß sie das? Hat eine der Frauen so etwas angedeutet? Nein. Diese Annahme ist reine Spekulation und basiert einzig und allein auf Helens Fantasie.

- -

Häufig existieren die Erwartungen der anderen
nur in unserer Fantasie.

- -

Nun stellt sich die Frage, wie Sie mit diesen konkreten Erwartungen umgehen wollen: Malen Sie in die Mitte des Blattes nochmals einen großen Kreis und schreiben Sie dort Ihre eigenen Wünsche, Ziele und Erwartungen an Ihr Leben und an sich selbst hinein. Malen Sie diesen Kreis bewusst größer als alle übrigen Kreise.

Jetzt müssen Sie entscheiden, wie Sie mit diesen unterschiedlichen Erwartungen umgehen wollen. Achten Sie darauf, dass Sie Ihren eigenen Wünschen und Bedürfnissen mindestens genauso viel (oder besser noch mehr) Gewicht geben als den Wünschen und Bedürfnissen der Menschen in Ihrem Umfeld:

- Wie will ich mit diesen Erwartungen umgehen?
- Welche Erwartungen will ich erfüllen, welche nicht?
- Zu welchen Teilen will ich sie erfüllen? Ganz oder nur teilweise?

- Welche meiner Wünsche und Erwartungen sind für mich nicht verhandelbar?
- Wie kann ich den Erwartungen der anderen Grenzen setzen, damit meine eigenen Wünsche genügend berücksichtigt werden?

Es ist allein an Ihnen zu bestimmen, wie Sie mit den Erwartungen anderer umgehen wollen.

Machen Sie sich los von den vermeintlichen oder tatsächlichen Erwartungen anderer. Machen Sie sich selbst zum Maßstab. Dabei hilft Ihnen auch ein starker Glaubenssatz:

»Ich mache es mir selbst recht.«

»Ich bin mein eigener Maßstab.«

»Was immer ich tue und was immer ich lasse: Es ist richtig so.«

»Wenn es für mich stimmt, stimmt's!«

6. Schritt: Seien Sie unvollkommen

 Entlarven Sie schädigende innere Antreiber wie Perfektionismus oder den Wunsch, es allen recht machen zu wollen. Stoppen Sie diese, indem Sie ihnen hilfreiche Glaubenssätze entgegensetzen, die Ihnen ein gelassenes und zufriedenes Leben ermöglichen. Machen Sie sich dabei selbst zum Maßstab. Und kultivieren Sie Ihren Mut zum Fehlerhaften und Unvollkommenen.

Leben Sie Ihre Stärken

Helen steht in der Küche, ein großes Glas Eistee in der Hand. »Sport macht durstig und hungrig – vor allem, wenn man sich dabei noch ständig verteidigen muss«, denkt sie frustriert. Während Elli und Angela, wie jede Woche, zusammen etwas trinken gegangen sind, wollte Helen auf dem schnellsten Weg nach Hause. Sie fühlt sich wie nach einer verlorenen Schlacht. Sie öffnet den Vorratsschrank und nimmt einen Apfel-Muffin heraus. »Genau den brauche ich jetzt«, denkt sie, beißt hinein und versucht herauszufinden, warum sie so aufgebracht ist. »Wieso machen mir die kritischen Bemerkungen von Elli und Angela bloß so viel aus? Warum kann ich nicht einfach locker darüber hinwegsehen? Und vor allem: Warum habe ich nicht unmissverständlich klargemacht, was ich will – und die Diskussion ein für alle Mal beendet?«

Helen versteht sich selbst nicht recht. Sie denkt an ihre jüngere Schwester, der scheinbar alles mühelos gelingt. Diese managt nicht nur den Haushalt mit drei kleinen Kindern, sie betreibt von zu Hause aus auch noch einen erfolgreichen Partyservice. »Und sie hat ein bemerkenswertes Selbstbewusstsein. Sie würde nie an sich zweifeln, wie ich das gerade tue. Warum kann ich nicht so sein wie sie? Warum habe ich immer das Gefühl, nicht gut genug zu sein?«, fragt sie sich.

Viele Frauen leiden unter ihrem geringen Selbstbewusstsein. Sie haben das Gefühl, hinter den Erwartungen ihres Umfelds zurückzubleiben. Denn wir sind uns nie genug: nicht fürsorglich genug, nicht hübsch genug, nicht dünn genug, nicht klug genug, nicht kämpferisch genug, nicht diszipliniert genug. Und gleichzeitig sind wir allzu empfindlich, allzu fordernd, allzu harmoniebedürftig, allzu emotional, allzu unsicher.

Wenn wir unser Leben verändern wollen, müssen wir als Erstes unser Selbstbewusstsein stärken. Dadurch erarbeiten wir uns eine solide Basis, auf der wir das Leben selbstbestimmt und lustvoll gestalten können.

In meinen Coachinggesprächen fällt mir immer wieder auf, wie sehr Frauen auf ihre Schwächen fixiert sind – ganz so, als ob die Stärken nur eine winzige Rolle spielen würden. Dabei ist es gerade umgekehrt: Unsere Schwächen machen nur einen kleinen Teil unserer Persönlichkeit aus, während unserer starken Seiten uns zu der wertvollen Person machen, die wir sind.

Statt uns auf unsere Defizite zu konzentrieren und uns über unsere vermeintlichen Schwächen zu grämen, sollten wir uns auf unsere Stärken besinnen, auf das, was uns wertvoll macht.

Wir müssen eine realistische Einschätzung unserer Stärken und Schwächen bekommen. Wir dürfen nicht länger übertriebene Anforderungen an uns stellen und uns unbarmherzig antreiben in der Hoffnung, diesen vielleicht irgendwann gerecht zu werden. Wir müssen lernen, uns so zu akzeptieren, wie wir sind. Und wir dürfen nicht länger unsere Stärken kleinreden und unsere Schwächen hochspielen. Wir müssen lernen, unsere sonnigen Seiten zu schätzen und nachsichtig zu sein mit unseren schattigen Seiten.

Das ist das Geheimnis eines gesunden Selbstbewusstseins:
seine Stärken nutzen und seine Schwächen akzeptieren.

. . . .

Entdecken Sie Ihre Ressourcen

Der erste Schritt, um die eigenen Stärken und Schwächen als
eine Quelle der Stärke zu nutzen, besteht darin, sie überhaupt
erst einmal wahrzunehmen. Nehmen Sie Ihr Tagebuch zur
Hand und notieren Sie alles, was Ihnen zu den folgenden Fra-
gen einfällt. Dabei spielt es keine Rolle, ob Sie diese Eigenschaf-
ten vermehrt im Beruf oder in Ihrem Privatleben beobachten:
Bezogen auf meine Stärken:
* Was macht mich als Mensch wertvoll?
* Welche schönen Charaktereigenschaften habe ich?
* Welches sind die Stärken, die mir im Privaten wie im Beruf
  immer wieder helfen?
* Welche Eigenschaften heben mich von anderen ab, machen
  mich einzigartig?
* Wofür erhalte ich von Bekannten und Freunden regelmäßig
  Komplimente?
* Worauf bin ich besonders stolz?

Bezogen auf meine Schwächen:
* Welche Schwächen stören mich an mir selbst? Worüber rege
  ich mich regelmäßig auf?
* Welche Eigenschaften stehen mir im Beruf und in meinem
  Privatleben manchmal im Weg?

- In welchen Situationen habe ich öfters das Gefühl, anderen unterlegen zu sein? Was mache ich weniger gut als andere?
- Welche Eigenschaften oder welches Verhalten werden von anderen zuweilen kritisiert?
- Wofür schäme ich mich?

Nehmen Sie sich für diese Überlegungen so viel Zeit, wie Sie brauchen. Vergessen Sie dabei nicht, auch nach Stärken zu suchen, die Sie gerade als Frau auszeichnen.

Wenn Sie daran zweifeln, dass Sie selbst die richtigen Antworten auf diese Fragen geben können, holen Sie Feedback von Freunden und Bekannten ein. Das kann sehr hilfreich sein, denn gerade was unsere Stärken und Schwächen angeht, haben wir häufig einen »blinden Fleck«. Dieser umfasst Teile des eigenen Ichs, die zwar von anderen wahrgenommen werden, die ich selbst jedoch nicht erkenne. Notieren Sie die Antworten aus dem Feedback ebenfalls in Ihrem Büchlein.

Seien Sie achtsam: Freuen Sie sich uneingeschränkt über die positiven Rückmeldungen und ärgern Sie sich nicht über Kritik. Feedback ist wertvoll, da es Ihnen neue Aspekte der eigenen Person aufzeigt und eine Lernchance bietet; es ist allerdings nicht »die Wahrheit«. Denn eine objektive Wahrheit gibt es nicht. Es ist die Meinung einer anderen Person über Sie und spiegelt damit immer auch die Persönlichkeit des Feedbackgebers wider.

Auch weiblich ist stark

Das Weibliche hat viele positive Seiten, die wir gerne übersehen. Dies passiert zum einen, weil diese Eigenschaften für uns selbstverständlich sind. Es ist für viele Frauen selbstverständlich, dass sie sich um das Gelingen von Beziehungen bemühen oder dass sie sich um das Wohlbefinden anderer kümmern. Nur weil es für Sie selbstverständlich ist, heißt das aber nicht, dass es keine Stärke ist. Zum anderen haben wir die Tendenz, »typisch weibliche« Eigenschaften eher als Last denn als Gewinn zu betrachten.

Dabei übersehen wir gerne, welche Kraft, welche Schönheit und welches Potenzial in den »typisch weiblichen« Eigenschaften stecken und welchen Reichtum das Feminine in unser Leben bringen kann.

Gerade wenn es um Führungspositionen geht, denken Frauen gerne, dass sie, wenn sie so sind, wie sie sind, keinen Erfolg haben können. Für viele scheint Erfolg im Beruf nur möglich zu sein, wenn sie sich den männlich definierten Gepflogenheiten und Verhaltensweisen anpassen. Sie betonen gerne, wie wichtig es sei, sachlich zu sein und emotionslos zu argumentieren. Denn Gefühle hätten in der Berufswelt nichts verloren. So verhalten sie sich männlich und kleiden sich männlich.

Falls Sie sich jetzt dabei ertappen, dass Sie zustimmend nicken, sollten Sie umdenken. Denn wir Frauen haben von Natur aus alles erhalten, um selbstsicher aufzutreten und um Erfolg zu haben: Frauen besitzen eine sogenannte Beziehungsintelligenz, das heißt, sie haben ein gutes Gespür für Zwischentöne, sind rücksichtsvoll und empathisch und sind bewährte »Beziehungsstifterinnen«. Sie sind gute Kommunikatorinnen, die Gefühle zulassen und auch über ihre Gefühle sprechen können. Sie sind besonnen, denken vernetzt und in Zusammenhängen und können improvisieren. Und Frauen sind sehr belastbar: Sie sind gewohnt, vollen Einsatz zu geben, hinterfragen permanent ihre Leistungen und suchen kreative Wege, diese zu verbessern. Sie sind wissbegierig und ständig bereit, Neues zu lernen, sich zu verbessern und sich an veränderte Rahmenbedingungen anzupassen.

Die Zeit ist reif, dass wir uns auf unsere Ressourcen besinnen und unsere weiblichen Stärken leben. Deshalb sollten auch Sie sich einmal die Zeit nehmen, um über Ihre Stärken nachzudenken:

- Auf welche weiblichen Eigenschaften und Stärken bin ich stolz?
- Welche Vorzüge bringt das Feminine in meine Leben?
- Um welche weiblichen Stärken beneiden mich mein Mann und meine männlichen Kollegen?
- Was gelingt mir, gerade weil ich eine Frau bin?
- Was gelingt mir, was ein Mann nicht könnte?
- Was macht mich als Frau attraktiv und begehrenswert – im Privaten, aber auch beruflich?

• •

Besinnen Sie sich auf Ihre typisch weiblichen Ressourcen und bringen Sie Ihre weiblichen Stärken zum Leuchten.

• •

Schau mal, was ich kann!

Als sich Helen gerade einen weiteren Muffin in den Mund stopfen will, klingelt es an der Tür. Es ist Angela, die immer noch ihren verschwitzten Trainingsanzug anhat. »Was willst du?«, fragt Helen ziemlich schroff, was ihr auch gleich wieder leidtut.

»Du bist so schnell weggefahren, ich konnte mich gar nicht richtig von dir verabschieden. Da dachte ich mir, ich schaue mal nach, ob mit dir alles in Ordnung ist …«

»Ja sicher, warum denn nicht?« Helen ärgert sich, dass sie wieder als die Bedürftige hingestellt wird.

»Es ist nur so ein Gefühl. Falls Elli und ich etwa Falsches gesagt haben, tut es uns leid. Wir wollten dich nicht kritisieren. Wir möchten nur, dass du das machst, was du selbst willst, und nicht das, was dein Mann oder jemand anders will.«

»Ich hatte aber den Eindruck, dass ich das machen soll, was ihr wollt«, entgegnet Helen trotzig.

Die Bemerkung sitzt. »Da hast du nicht Unrecht«, gibt Angela schließlich zu und fügt an: »Das wird mir erst jetzt bewusst. Ich liebe meine Arbeit und habe deshalb das Gefühl, es müsse allen gleich gehen. Aber das ist falsch.«

Angelas Offenheit beschwichtigt Helen und sie hält ihrer Freundin die Türe auf: »Komm rein, setzen wir uns doch in den Garten. Willst du auch einen Apfel-Muffin?«

»Nein, bloß nicht, danke. Wo ich doch mit Diät und Walking versuche, ein paar Kilos loszuwerden.« Angela schaut frustriert auf ihre stattlichen Rundungen. Während sie im Großen und Ganzen mit ihrem Leben zufrieden ist, gibt es einen Aspekt, auf den sie gerne verzichten könnte: ihr Übergewicht. Es macht sie verlegen und zuweilen richtig unglücklich. »Doch darum geht es jetzt nicht«, denkt sie und fragt laut: »Ist das ungezuckerter Eistee? Davon nehme ich gerne ein Glas.«

Nachdem sie es sich, jede mit einem Glas Eistee in der Hand, gemütlich gemacht haben, kommt Angela nochmals auf das Jobangebot zurück. Sie will ihrer Freundin aufzeigen, dass sie vieles mitbringt, was sie wertvoll macht – für den Job, aber auch als Mensch. »Wenn du bei einem Bewerbungsgespräch deine Stärken aufzählen müsstest, was würdest du da sagen?«

»Wie viele darf ich denn nennen?«, meint Helen ironisch. Ihr ist wirklich nicht nach Lobhudelei zumute. Aber Angela geht nicht darauf ein und wartet geduldig. Endlich sagt Helen: »Also gut. Eine Stärke von mir ist, dass ich zuverlässig bin; dass ich exakt und sehr selbstständig arbeite. Wenn man mir eine Aufgabe gibt, kann man sich darauf verlassen, dass ich sie gut ausführe.«

»Und als Mensch, was sind da deine Stärken?«, will Angela weiter wissen.

»Die Frage müsstest eigentlich du beantworten. Ich würde sagen, ich bin sensibel und hilfsbereit – manchmal zu hilfsbereit, wenn ich es mir so genau überlege.« Je länger Helen darüber nachdenkt, desto mehr Stärken kommen ihr in den Sinn: »Und ich bin eine gute Zuhörerin, die sich wirklich für die Anliegen der anderen interessiert. Und wenn ich zu jemandem eine enge Beziehung aufgebaut habe, bin ich eine treue, loyale und unterstützende Freundin.«

Auch Sie haben Ihre Stärken notiert, und auf diese konzentrieren Sie sich nun als Erstes. Denn Ihre Stärken sind Ihre wichtigste Ressource.

Lesen Sie die Liste Ihrer Stärken in Ruhe durch. Das alles sind Sie. Sehen Sie, was Sie der Welt an Wertvollem zu bieten haben? Spüren Sie das gute Gefühl, dass sich in Ihrem Innern ausbreitet? Versuchen Sie dieses Gefühl uneingeschränkt zu genießen.

Gewichten Sie nun Ihre Stärken, indem Sie zunächst Ihre fünf größten Stärken markieren. Dann Ihre drei größten Stärken. Und zum Schluss küren Sie Ihre größte Stärke – gewissermaßen Ihre Top-Stärke.

In meinen Trainings mache ich dazu jeweils eine Übung. Dabei muss jede Frau zehn Minuten lang über ihre drei größten Stärken sprechen. Das geschieht jeweils in Zweiergruppen. Die eine Frau erzählt, die andere hört nur zu. Nach zehn Minuten wechselt das Spiel, und die Frau, die bisher zugehört hat, darf erzählen. Die Teilnehmerinnen sind von dieser Übung immer stark beeindruckt. Auf der einen Seite erleben sie, wie gehemmt sie sind, wenn sie über ihre Stärken sprechen müssen. Auf der anderen Seite erleben sie aber auch, wie gut es tut, sich selbst positiv darzustellen, wenn einem jemand dabei zuhört.

Vielleicht möchten Sie diese Übung auch einmal ausprobieren? Fragen Sie eine Freundin, ob sie Ihnen zuhören möchte. Noch besser: Sie notieren beide Ihre Stärken und erzählen Sie sich gegenseitig.

Bringen Sie Ihre Stärken zum Leuchten

Wenn Sie Ihre Stärken als Ressource nutzen wollen, sollten Sie sicherstellen, dass Sie diese auch genügend einsetzen können. Denn schließlich sollen Sie davon profitieren. Stellen Sie sich deshalb immer wieder folgende Fragen:

- Kann ich meine Stärken privat und im Beruf genügend einsetzen? Oder verbringe ich meine Zeit hauptsächlich mit Tätigkeiten, in denen ich meine Stärken nicht einsetzen kann?
- Welches Umfeld brauche ich, um meine Stärken optimal nutzen zu können?
- Wie könnte ich meine Stärken noch besser nutzen?
- Wie kann ich mein Umfeld so verändern, dass ich meine Stärken am besten einsetzen kann?

Gestalten Sie Ihre Aktivitäten und Ihr Umfeld so, dass Sie Ihre starken Seiten einsetzen und leben können – selbst wenn dies berufliche oder private Veränderungen mit sich bringt.

Wachsen Sie an Ihren Schwächen

Nun wenden Sie sich Ihren Schwachpunkten zu. Ich spreche nur ungern über Schwächen, da ich der Meinung bin, dass sie unser Leben sowieso schon unnötig stark beherrschen. Dennoch sollten wir sie uns anschauen. Denn ein echtes, tief in uns ruhendes Selbstbewusstsein können wir nur entwickeln, wenn wir unsere Schwächen kennen, sie akzeptieren und uns mit ihnen versöhnen. Nur so können wir auch in schwierigen Situationen aus einer Haltung der Stärke heraus agieren. Wenn wir hingegen die Augen vor unseren Schwächen verschließen, werden sich diese umso rabiater in unserem Unbewussten austoben. Sie werden unsere Gedanken und Gefühle beherrschen und uns daran hindern, selbstsicher und gelassen zu werden.

Im Englischen gibt es dafür den wunderbaren Begriff »to embrace«, was »umarmen« bedeutet. Daraus wird deutlich, dass es sich um einen liebevollen Akt handelt. Wir sollen uns nicht für unsere Schwächen schämen oder uns ihretwegen beschimpfen, sondern wir sollen sie »umarmen«, sie in uns aufnehmen und als Teil unserer Persönlichkeit anerkennen.

Und dieser Schritt erfordert Mut. Denn wir leben in einer Leistungsgesellschaft, die Stärken und Erfolge honoriert, Schwächen und Niederlagen dagegen ächtet. So sind wir ständig bemüht, unsere schwachen Seiten unter dem Deckel zu halten, damit bloß niemand auf die Idee kommt, wir könnten ein Problem haben.

• •

Ihre Schwächen sind eine Chance,
einem authentischen Leben ein Stück näherzukommen.

• •

Aus diesem Grund haben wir auch häufig das Gefühl, es ginge den anderen besser als uns und sie wären erfolgreicher. Das ist eine Wahrnehmungsverzerrung. Wenn sich die meisten Menschen in der Öffentlichkeit möglichst optimistisch und erfolgreich zeigen, glauben wir, die anderen wären glücklicher oder kämen leichter durchs Leben als wir. Dies entspricht jedoch selten der Realität.

Ganz grundsätzlich rate ich davon ab, sich mit anderen zu vergleichen. Denn dadurch können Sie nur verlieren. Vergleiche machen wir immer nur »nach oben«, also in Bezug auf Leute, die – zumindest in unseren Augen – besser sind als wir, erfolgreicher, attraktiver. Wenn wir knapp bei Kasse sind, denken wir nicht: »Das ist gar nicht so schlimm, andere haben viel weniger Geld als ich.« Im Gegenteil: Wir hadern damit, dass es uns finanziell schlecht geht. Oder wenn wir das Gefühl haben, wir wären zu dick, vergleichen wir uns nicht mit Frauen, die noch mehr Kilos auf die Waage bringen, sondern mit den gertenschlanken Models aus den Hochglanzmagazinen.

Alle unsere Verhaltensweisen, charakterlichen oder körperlichen Merkmale sind nicht automatisch Schwächen. Vielmehr gibt unsere Gesellschaft vor, ob es sich um eine Stärke oder Schwäche handelt. Zurückhaltung beispielsweise ist in unserer Kultur eher negativ besetzt, da wir offene, extravertierte Personen schätzen. In Asien dagegen ist Zurückhaltung eine Tugend. In unseren Breitengraden ist Unpünktlichkeit eine der größten Schwächen überhaupt, während die Bewohner südlicher Länder dies viel entspannter sehen. Und ein dicker Hintern ist bei uns ein Makel, steht bei vielen afrikanischen Völkern jedoch für Reichtum und Gesundheit.

Sie haben die Wahl

»Ich möchte dich wirklich nicht kritisieren, aber warum bist du dir so sicher, dass du für die Arbeit nicht qualifiziert genug bist?«, möchte Angela wissen.

»Ach, weißt du, die Technologie hat sich in den letzten Jahren verändert, da bin ich einfach nicht mehr auf dem neuesten Stand.«

»Aber das kannst du doch lernen, oder nicht?«

»Schon möglich«, meint Helen vage. Doch dann bekräftigt sie: »Ja sicher, das könnte ich lernen.«

Angela beschleicht das Gefühl, dass das nicht der wahre Grund ist. Sie entschließt sich, direkt danach zu fragen: »Ist das der einzige Grund? Ich habe das Gefühl, da gibt es noch etwas anderes.«

Helen zögert. »Naja, ich weiß, das klingt lächerlich. Aber ich habe einfach das Gefühl, ich sei schon zu alt. Jetzt kommen alle diese jungen, bestens ausgebildeten Frauen frisch von der Ausbildung. Ich glaube nicht, dass ich mit denen mithalten kann.«

In Bezug auf unsere Schwächen ist es wichtig, unsere eigenen Ansprüche an uns und die Ansprüche von außen zu unterscheiden. Gehen Sie Ihre Liste in Ruhe durch und überlegen Sie, warum Sie etwas als Schwäche empfinden. Stört mich diese Schwäche, weil sie meinen eigenen Werten widerspricht? Oder sind es viel eher die Erwartungen anderer, denen ich gerecht werden möchte? Falls Sie in Ihrer Liste solche Eigenschaften finden, versuchen Sie Ihre ganz persönliche Einstellung herauszufinden.

Natürlich dürfen Sie eine Schwäche auch einfach als solche akzeptieren; einfach nur, weil sie zu Ihnen gehört. Das Alter ist eine solche »Schwäche«, daran kann Helen nichts ändern. Ihre Befürchtung ist zwar verständlich – sie bringt sie aber nicht weiter. Statt sich über das Alter zu grämen, sollte Helen sich darauf besinnen, was sie gerade dank ihrer Biografie einbringen kann: Erfahrung, Verantwortungsbewusstsein und organisatorische Fähigkeiten, um nur einige Punkte zu nennen. Wir sagen immer so salopp, dass eine Person Ecken und Kanten haben darf – und dies ist eine solche Ecke. Stehen Sie dazu.

· ·

Stehen Sie zu Ihren Eigenheiten.
Sie heben Sie von der Masse ab und machen Sie
zu der besonderen Person, die Sie sind.

· ·

Denken Sie daran: Sie haben die Wahl. Es ist nicht an irgendjemand anderem, mahnend den Finger in die Höhe zu halten und Ihnen ein bestimmtes Verhalten vorzuschreiben. Denn es ist Ihr Leben. Sie haben die Wahl und Sie entscheiden, wie Sie einer Schwäche begegnen wollen: Will ich sie annehmen, weil sie zu mir gehört, oder will ich etwas daran ändern? Wie auch immer Sie sich entscheiden: Indem Sie sich konstruktiv mit Ihren Schwachpunkten und möglichen Lösungen auseinandersetzen, lernen Sie Wertvolles über sich und kommen menschlich weiter.

Es lohnt sich auch zu hinterfragen, weshalb wir etwas an uns als Schwäche empfinden. Vielleicht liegt es an einem unerreichbaren Wunschbild oder einer idealisierten Vorstellung. So haben viele Frauen eine klare Vorstellung davon, wie die perfekte Mutter sein sollte – und es gelingt ihnen nie, diesem Bild zu entsprechen, egal wie sehr sie sich auch bemühen. Oder sie haben das Gefühl, sie müssten doch im Job noch mehr leisten und noch erfolgreicher sein, obwohl sie bereits am Limit ihrer Kräfte sind. Je weiter weg wir uns von unserem idealen Selbst befinden, umso größer ist die Enttäuschung über uns selbst und umso anfälliger sind wir für Schamgefühle und Selbstkritik.

Hier hilft es, den übertriebenen Vorstellungen eine realistische Einschätzung entgegenzusetzen, damit wir uns klar werden, was überhaupt möglich ist und was nicht.

Es gibt aber auch Schwächen, die unserer Entwicklung oder unserem Vorwärtskommen tatsächlich im Weg stehen. An diesen Schwächen sollten wir arbeiten, wenn wir nicht stehen bleiben und unsere besten Chancen verpassen wollen. Dazu gehören die technischen Fähigkeiten, die Helen fehlen. Diese kann sie sich relativ problemlos aneignen.

Manchmal sind es aber auch persönliche Schwächen, die uns im Weg stehen. Zum Beispiel, dass uns schnell der Geduldsfaden reißt, dass wir davor zurückscheuen, vor einer Gruppe zu sprechen, dass wir chaotisch und unstrukturiert sind, dass wir eine leise Stimme haben oder dass wir nur schlecht mit Kritik umgehen können. Wenn wir das Gefühl haben, eine solche Schwäche behindere uns, sollten wir uns überlegen, woran es liegt, und daran arbeiten. Sonst lassen wir uns unter Umständen eine große Entwicklungschance entgehen – und, wie in Helens Fall, eine große Jobchance.

• •

Lassen Sie nicht zu, dass eine Schwäche
Ihnen Chancen und Möglichkeiten verbaut.
Arbeiten Sie stattdessen daran – es lohnt sich.

• •

7. Schritt: Bejahen Sie Ihre Stärken und Schwächen

 Entwickeln Sie ein echtes, tiefes Selbstbewusstsein, indem Sie Ihre Stärken erkennen, entfalten und nutzen und indem Sie sich mit Ihren Schwächen aussöhnen und sie als Teil Ihrer eigenen Persönlichkeit akzeptieren. Denn es ist gerade diese einzigartige Kombination von Stärken und Schwächen, die Sie zu der wertvollen, einmaligen Person macht, die Sie sind.

Raus aus dem Schuld- und Schamprogramm

Es ist ein wunderbarer Sommertag. Und es ist Ellis Geburtstag. Deshalb hat Michelle sie zu einem Ausflug an den See überredet. Seit Michelles Scheidungsparty haben die beiden Frauen sich öfters zum Lunch getroffen, wobei sie immer wieder neue Gemeinsamkeiten entdeckt haben. Obwohl Elli den See liebt, wollte sie anfangs nicht mit, da sie zu viel zu tun hat. »Aber es ist doch dein Geburtstag, den müssen wir feiern. Ich hole dich um neun Uhr ab«, hat Michelle energisch gesagt und erst gar keinen Widerspruch aufkommen lassen.

Als die beiden Frauen im Wagen sitzen, fragt Michelle: »Und, wie läuft dein Geschäft?«

»Ganz gut. Ich habe in den letzten Wochen einige interessante Aufträge akquirieren können. Und diese Kunden warten jetzt natürlich darauf, dass ihre neue Website so schnell wie möglich fertig wird. Darum kann ich mir diesen freien Tag heute eigentlich gar nicht leisten.« Elli ist immer noch verstimmt, weil Michelle sie so überrumpelt hat.

Doch diese lacht nur. »Was ist denn so schlimm daran, wenn du dir einmal einen Tag freinimmst? Hey, du bist deine eigene Chefin. Da kannst du doch selbst entscheiden, wie du deine Tage verbringst.«

Elli schüttelt den Kopf, als ob sie sagen wollte: Du hast ja keine Ahnung. Laut sagt sie: »Das ist ja gerade der Punkt. Wenn ich nicht da bin, wer macht dann die Arbeit?«

»Aber du hast doch einen Geschäftspartner.«

»Ja, aber er hat selbst genug zu tun. Es ist mir sehr unangenehm, wenn er sich auch noch um meine Sachen kümmern muss.«

»Hat er sich darüber beschwert, wenn du dir an deinem Geburtstag freinimmst und er den Laden alleine schmeißen muss?«, will Michelle wissen.

»Nein, aber ich weiß, dass ihn das stört.«

Aus Studien wissen wir, dass Frauen mindestens einmal, häufig aber bis vier Mal am Tag von Schuldgefühlen geplagt werden. Und diese überfallen sie nicht nur, wenn sie etwas tun, das andere stören könnte. Ihre Schuldgefühle sind dann am größten, wenn sie sich ganz harmlose, normale Dinge gönnen, also sich selbst etwas Gutes tun.

Wie Elli, die sich einen Tag am See gönnen möchte. Wobei: Genießen kann sie ihn nicht so richtig, da sich bereits unterwegs das schlechte Gewissen meldet. Ist es richtig, heute einen Tag freizunehmen? Kann ich mir das überhaupt leisten? Und was, wenn der Kollege nun wegen mir länger bleiben muss? Oder wenn der Kunde, auf dessen Anruf ich schon seit Tagen warte, ausgerechnet heute anruft?

Kommt Ihnen das bekannt vor? Willkommen im Club! In dem Fall gehören auch Sie zu den über 90 Prozent Frauen, die regelmäßig ein schlechtes Gewissen plagt.

Schuldgefühle haben wir immer dann, wenn wir etwas tun oder unterlassen, wenn wir etwas sagen oder eben nicht sagen, das unseren eigenen Werten und Ansprüchen zuwiderläuft. Wenn wir unseren eigenen Ansprüchen nicht genügen. Dabei kann die Heftigkeit der Schuldgefühle stark variieren. Einen kleinen Stich spüren wir vielleicht, wenn wir die Verkäuferin im Supermarkt anfahren, weil unser Lieblingsprodukt im Regal fehlt. Starke Schuldgefühle haben wir, wenn wir über die Weihnachtstage in Urlaub fahren und den Vater allein zu Hause lassen.

. . . .

Neun von zehn Frauen haben täglich Schuldgefühle.

. . . .

Nun gehen Sie einmal in Gedanken durch, wann und weswegen Sie Schuldgefühle plagen, und notieren Sie Ihre Antworten:

- Wann hatte ich das letzte Mal ein schlechtes Gewissen? Was war da passiert? Was habe ich getan oder eben nicht getan?
- In welchen Situationen plagt mich generell ein schlechtes Gewissen?
- Wie verhalte ich mich, wenn mich Schuldgefühle befallen?

Seien Sie ehrlich: Was haben Sie sich zuschulden kommen lassen, das Ihre Schuldgefühle rechtfertigt? Haben Sie gelogen, gestohlen, die Kinder geschlagen oder Ihren Mann betrogen? Nein? Was haben Sie dann getan? Die Antwort ist in einer Mehrzahl der Fälle ebenso einfach wie erhellend: nichts! Oder zumindest nichts, was der Rede wert wäre. Warum also die ewigen Schuldgefühle?

Zum Schuldgefühl erzogen

Menschen sind fähig, das Glück und das Leid anderer Menschen zu spüren und mit ihnen zu fühlen. Menschen, die kein Mitgefühl mit anderen empfinden, können sich auch nicht schuldig fühlen, wenn sie andere verletzen. Schuldgefühle setzen also Mitgefühl voraus.

Mädchen werden von klein auf ganz besonders dazu angehalten, sich um die Gefühle und das Wohlergehen anderer zu kümmern. Pointiert könnte man sagen: Frauen werden zum Mitfühlen erzogen. Und damit auch zum Schuldgefühl.

Selbstverständlich hat Mitgefühl auch etwas Positives: Mitgefühl ist ein wichtiger Grundstein unseres Zusammenlebens. Ohne Mitgefühl würden wir uns deutlich weniger sozial verhalten. Unsere Kinder im Stich lassen, im Büro Geld stehlen oder den Exfreund aus Rache auf Facebook bloßstellen – bei den meisten ruft allein schon die Vorstellung solcher Taten Schuldgefühle hervor, weshalb wir diese Handlungen auch tunlichst unterlassen.

Auch wenn Mitgefühl aus gesellschaftlicher Sicht wertvoll ist und vertrauensvolles Zusammenleben erst ermöglicht, wird es für Frauen oft zum Bumerang. Denn wer sich ständig um andere sorgt und kümmert, hat auch ständig ein schlechtes Gewissen, da er glaubt, den anderen und ihren Anforderungen nicht gerecht zu werden.

Meist reicht ein nichtiger Anlass oder eine kleine Bemerkung, damit ein schlechtes Gewissen auftaucht. Eine Bemerkung wie »Ich dachte, du wolltest mich noch anrufen« erzeugt Schuldgefühle allein schon durch die Andeutung, dass der vergessene Anruf dem anderen Kummer bereitet.

Meist braucht nicht einmal eine andere Person beteiligt zu

sein, damit wir uns schuldig fühlen. Selbstauferlegte Schuldgefühle rühren von unseren Werten und Überzeugungen her. Sie plagen uns, wenn wir etwas machen, was gegen diese Werte und Überzeugungen verstößt. Sie machen, dass wir nicht nur anderen gegenüber ein schlechtes Gewissen haben, sondern auch uns selbst gegenüber.

. . . .

Wenn wir gegen unsere inneren Überzeugungen handeln,
bekommen wir Schuldgefühle.

. . . .

Wenn uns Zuverlässigkeit wichtig ist, haben wir ein schlechtes Gewissen, wenn wir eine Aufgabe nicht rechtzeitig abschließen. Und wenn wir anderen nicht zur Last fallen wollen, fühlen wir uns schuldig, wenn wir etwas von ihnen fordern. Wie Elli, die ein schlechtes Gewissen hat, weil sie ihren Geschäftspartner mit der ganzen Arbeit allein lässt – obwohl dieser sich gar nicht beschwert.

Die Macht der Schuld

»Wenn ich meine eigene Chefin wäre, würde ich mir an so schönen Tagen wie heute immer freinehmen«, verkündet Michelle, während sie den Wagen in einer Parklücke am Straßenrand einparkt.

»Na, dann ist es ja gut, dass du angestellt bist«, entgegnet Elli lachend. Ihre Laune hat sich während der Fahrt deutlich verbessert. »Bei deiner Einstellung würdest du bald pleitegehen.«

Als Michelle gerade den Picknickkorb aus dem Wagen hebt, klingelt ihr Telefon. »Nicht schon wieder«, denkt sie konsterniert, als sie die Nummer auf dem Display sieht. »Hallo?« Sie versucht, ihre Stimme so natürlich wie möglich erscheinen zu lassen.

»Hallo Michelle, ich bin's. Es geht um Jan. Du wolltest ihn ja morgen um zehn Uhr bei mir vorbeibringen. Aber das passt nicht mehr, ich habe kurzfristig noch einen Kundentermin reinbekommen. Ich werde ihn also nach dem Mittagessen bei dir abholen. Das ist dir doch recht?«, fragt Stefan mit honigsüßer Stimme.

Michelles Magen krampft sich zusammen. Sie will sagen: »Nein, das ist mir ganz und gar nicht recht, und das weißt du genau. Dein Sohn sollte dir wichtiger sein als deine dämlichen Geschäftstermine. Morgen ist Samstag, Herrgott noch mal!« Doch stattdessen sagt sie nur: »Okay, geht in Ordnung. Wir werden auf dich warten.«

»Das kann er doch nicht machen!«, denkt sie und wirft das Telefon wütend zurück in ihre Handtasche. Doch als sie neben Elli den See entlangspaziert, sickert langsam die Erkenntnis durch: Aber er macht es trotzdem. Wie immer tut Stefan genau das, was er will. Alles läuft nach seinem Plan ab, und sie und Jan haben keine andere Wahl, als sich anzupassen.

Michelle ist so in Gedanken versunken, dass sie gar nicht bemerkt, dass ihre Freundin sie besorgt anschaut. »Was war das denn?«, will Elli wissen.

Michelle zögert. Dann antwortet sie leise: »Mein ganzes Leben lang habe ich versucht, bei anderen einen souveränen Eindruck zu hinterlassen; als erfolgreiche Frau dazustehen, die Familie und Beruf spielend unter einen Hut bringt und die das Leben im Griff hat. Das war auch der Grund für die Scheidungsparty: allen zu zeigen, dass ich mich nach der Trennung nicht etwa in einem Loch verkrieche, sondern mein neues Leben mit Energie anpacke. Auf dass die ganze Welt sieht, wie stark und erfolgreich ich bin ...«

Elli, die den See und seine verborgenen Ecken gut kennt, deutet auf eine Stelle hinter dem Schilf: »Da ist es schön ruhig, setzen wir uns doch eine Weile hin.« Sie legt die Wolldecke aus und die beiden Frauen machen es sich darauf bequem. »Schau, wie ruhig der See ist. Es ist fast windstill«, bemerkt Elli. Da entschließt sich Michelle, der Freundin ihr Herz auszuschütten.

»Das solltest du dir nicht gefallen lassen«, meint Elli, nachdem sie Michelles Geschichte bis zu Ende gehört hat. »Warum sagst du Stefan nicht, dass er sich besser um Jan kümmern soll? Er ist schließlich sein Vater.«

Michelle atmet tief aus. Schließlich sagt sie: »Weil es meine Schuld ist, dass unsere Ehe nicht funktioniert hat. Und da kann ich ihm doch jetzt keine Vorwürfe machen.«

Schuld ist eine sehr starke Emotion, die vor allem bei Frauen einen wesentlichen Einfluss auf Verhalten und Wohlbefinden hat. Denn Frauen fühlen sich sehr häufig schuldig. Selbst dann, wenn sie im Grunde nicht die Ursache des Problems ist, sucht eine Frau die Schuld häufig bei sich. Auch Michelle gibt sich die Schuld am Scheitern ihrer Ehe: War mein Verhalten falsch? Habe ich mich nicht genügend angestrengt? Habe ich mich zu wenig um ihn gekümmert? Bin ich nicht interessant genug? Nicht hübsch genug? Hatten wir zu wenig Sex?

Natürlich kann man argumentieren, dass Schuldgefühle auch etwas Positives haben. Ein schlechtes Gewissen birgt die Chance, sich selbst zu hinterfragen und sich dadurch zu entwickeln. Denn statt gedankenlos über ein Missgeschick oder einen Fehler hinwegzusehen, können wir etwas daraus lernen und versuchen, es das nächste Mal besser zu machen.

Meine Erfahrung zeigt jedoch, dass der Gewinn aus einer solchen Selbstreflexion nur selten die Nachteile aufwiegt, welche die Frauen durch ihre Schuldgefühle haben.

Wer Schuldgefühle hat, stellt sich und sein Verhalten laufend infrage: »Wie konntest du nur…? Warum hast du nicht…?« Bohrende Fragen, die direkt in Scham und Selbstzweifel übergehen, ohne dass wir sie zuvor kritisch hinterfragt haben. Schuldgefühle nagen an unserem Selbstwertgefühl und unserem Selbstvertrauen – und schaffen einen fruchtbaren Nährboden für neue Schuldgefühle. Ein Teufelskreis, der uns immer mehr an uns zweifeln lässt, uns mutlos macht und in die Passivität drängt.

»Lieber nichts riskieren«, lautet dann unser Motto. Lieber vorsichtig sein, niemanden verletzen und nachgeben, statt dem anderen unsere Wünsche mitzuteilen. Dies könnte ja zur Folge haben, dass wir uns schuldig fühlen, wenn etwas schiefläuft.

• •

Schuldgefühle treiben uns in einen Teufelskreis aus Scham,
Minderwertigkeitsgefühl und erneuter Schuld.

• •

Schuld und Scham sind die universellen Begleiterinnen jeder Frau. Denn wir bekommen mehr oder minder bewusste Vorstellungen mit auf den Weg, was richtig und was falsch ist, was gut und schlecht, wie wir sein sollten und wie auf keinen Fall. Und oft steht das in krassem Gegensatz zu dem, was wir können und was wir wirklich sind und wollen.

Schuld- und Schamgefühle haben noch eine weitere schädliche Wirkung: Sie führen dazu, dass wir uns allerlei verbieten. Dies können kleine Dinge sein, wie ein Tag am See. Oder dass wir das letzte Stück des Kuchens essen, den der Kollege an seinem Geburtstag mit ins Büro gebracht hat. »Das gehört sich nicht. Und was werden erst die Kollegen denken?« Oder dass wir einen Termin zum Abendessen nicht absagen, obwohl wir keine Lust auf ein Treffen haben. Es können aber auch gravierende Dinge sein. Dass wir uns beispielsweise auf eine interne Stellenausschreibung nicht bewerben, weil wir dem Kollegen die Beförderung nicht streitig machen wollen.

Egal, wie groß oder klein der Grund ist: Schuld- und Schamgefühle engen uns in unserem Handlungsspielraum ein und beschneiden unser Recht, für uns selbst zu entscheiden. Denn wenn wir aus einem Schuldgefühl heraus agieren, wenn wir aus Scham auf etwas verzichten, handeln wir nicht frei, sondern nach unserem Schuld- und Scham-Programm.

Lassen Sie nicht zu, dass die schönen, genussvollen Momente in Ihrem Leben unter einem Berg aus Schuld und Scham begraben werden. Wenn Sie Ihr wunderbares Leben genießen wollen, müssen Sie sich von solch schädigenden Gefühlen befreien.

»Schäm dich!«

Elli traut ihren Ohren nicht. Wie kann Michelle behaupten, am Scheitern ihrer Ehe schuld zu sein, wo es doch ganz offensichtlich Stefan war, der nur noch seine Karriere im Kopf gehabt und sich nicht genügend um seine Familie gekümmert hat?

»Das ist richtig«, stimmt Michelle zu. »Aber wenn ich mich anders verhalten hätte, wäre es gar nicht so weit gekommen. Wenn ich meine Bedürfnisse deutlicher benannt hätte, als wir noch miteinander geredet und uns noch verstanden haben. Wenn ich klar gesagt hätte, was ich will.« Michelle macht eine resignierte Handbewegung. »Aber ich verabscheue Konflikte. Und wenn ich dann doch einmal meine Wünsche anbringe und es zu Spannungen kommt, gebe ich lieber nach, als eine Auseinandersetzung zu riskieren. Vielleicht ist das auch der Grund, warum ich mich in unserer Beziehung nicht durchsetzen konnte: weil ich es gar nicht erst richtig versucht habe. Ich bin einfach zu feige!«

»Und weißt du, was das Schlimmste ist?« Die Niedergeschlagenheit in Michelles Stimme ist nicht zu überhören. »Dass ich mich so fürchterlich schäme. Ich schäme mich, weil ich versagt habe. Weil ich keine gute Mutter bin. Und die ganze Welt es sehen kann. Dabei habe ich mich so angestrengt, wollte alles richtig machen – und bin schließlich doch kläglich gescheitert.«

Schuld und Scham gehen meist Hand in Hand. Scham gehört zu den mächtigsten Gefühlen, die menschliches Verhalten steuern. Scham kann ein schreckliches Gefühl sein, vielleicht das schlimmste überhaupt. Wer sich schämt, hat Angst, einer Beziehung unwürdig zu sein, etwas falsch gemacht oder Erwartungen enttäuscht zu haben oder einen Makel an sich zu haben, der ihn aus der Gemeinschaft ausschließt. Scham spiegelt unsere Schuld in den Augen der anderen. Nicht die beschämende Handlung selbst treibt uns die Schamröte ins Gesicht, sondern das, was die anderen davon wissen könnten.

Scham dringt durch Mark und Bein, wie wenn der Blitz in uns eingeschlagen wäre. Sie treibt uns das Blut ins Gesicht, zieht uns den Magen zusammen, verschlägt uns den Atem und die Sprache. Dieses Gefühl ist so vernichtend, dass wir es nicht vergessen können. Es brennt sich in unsere Erinnerung ein und wir erleben es immer und immer wieder – das Unaussprechliche.

Versuchen Sie, sich an einen Moment in Ihrer Kindheit zu erinnern, wo Sie sich schrecklich geschämt haben. Das dürfte Ihnen nicht schwerfallen, denn solche Momente vergessen wir nie wieder. Spüren Sie, wie Ihnen das Blut in den Kopf steigt? Es gibt Dinge, die uns auch Jahre später noch beschämen. Haben Sie je über diesen Vorfall gesprochen? Wahrscheinlich nicht. Scham ist so vernichtend, dass wir keine Worte dafür finden. Denn es gibt Dinge, über die wir nicht einmal mit unserem Partner oder unserer besten Freundin sprechen können. Und genau das macht die Scham so machtvoll: Sie wächst im Verborgenen, wird nie aufgedeckt.

Über unsere Schamgefühle sprechen wir nicht.
Gerade das macht sie so machtvoll.

Was wir als beschämend empfinden, ist sehr individuell. Es kann eine Schwäche sein, deren wir uns schämen, ein Missgeschick oder Fehler, eine besondere Eigenschaft, mit der wir bereits zur Welt kamen, Menschen in unserem Umfeld. Wir können uns sogar über völlig harmlose Begebenheiten schämen, für die wir nicht einmal etwas können.

Was Menschen als beschämend empfinden, ist kulturell bedingt und verändert sich über die Zeit. Typisch für unsere Zeit sind etwa Arbeitslosigkeit, Krankheit, Alter oder ein Mangel an Leistungsfähigkeit oder an Statussymbolen, die diese Leistungsfähigkeit repräsentieren. Bei uns ist es üblich, sich unverletzlich und unnahbar zu zeigen, um sich vor Enttäuschung und Zurückweisung zu schützen. Die Kontrolle über sich zu verlieren empfinden wir als etwas vom Peinlichsten, was uns passieren kann. Wir erwarten von uns, dass wir jederzeit über den Dingen stehen, souverän sind und die eigene Unsicherheit überspielen oder ausblenden – immer getrieben von der Befürchtung, Ansprüchen nicht zu genügen und dabei ertappt zu werden.

Egal was der Auslöser ist, das Ergebnis ist immer dasselbe: Scham untergräbt unseren Selbstwert. Wenn wir uns schämen, fühlen wir uns minderwertig, klein und hässlich und haben Angst, dass wir am Ende verlassen werden und alleine dastehen.

Wie schon bei der Schuld gilt: Scham ist nicht nur schlecht. Scham bewahrt unsere menschliche Würde. Sie schützt uns vor entwürdigenden Situationen und entwürdigendem Verhalten und damit vor der Gefahr, wegen eines Fehlverhaltens aus der Gemeinschaft ausgeschlossen zu werden. So weit, so gut. Aber leider ist Scham für uns Frauen eine starke Fessel, die uns an unserer Entfaltung hindert.

Was denken denn die Nachbarn!

Frauen sehen sich heute einer Vielzahl widersprüchlicher Erwartungen gegenüber, die Scham hervorrufen, wenn sie nicht erfüllt werden. Da ist zum Beispiel das Schönheitsideal, dem es zu entsprechen gilt: Unnatürlich dünne Models zeigen uns täglich, wie ein schöner Frauenkörper aussieht. Und wenn wir dann im Bikini am Strand sitzen und sich unser Bauch über der Bikinihose zu kleinen Fettringen rollt, schämen wir uns und ziehen schnell ein T-Shirt drüber. Oder wir schämen uns, weil wir unsere Ansprüche, gleichzeitig perfekte Mutter und starke, unabhängige Businessfrau zu sein, nicht unter einen Hut bringen. Wir sind hin und her gerissen zwischen dem Gefühl, zu Hause eine Rabenmutter zu sein und im Geschäft dennoch nicht die Leistung zu erbringen, die von uns erwartet wird. Und da ist auch noch das schlechte Gewissen, weil wir unsere Eltern schon so lange nicht mehr im Altersheim besucht haben: ein

Versäumnis, das auch das Pflegepersonal bemerkt haben dürfte – so meinen wir zumindest. »Was bist du bloß für eine schlechte Tochter!«, meldet sich kritisierend eine innere Stimme. »Schäm dich!«

· ·

Wir sind umgeben von einer strengen Jury,
von der wir glauben, dass sie unser Handeln ständig
beobachtet und bewertet.

· ·

Insbesondere was die Nachbarn denken ist für viele ein wichtiges Kriterium: »Stell die Stereoanlage leiser, das stört sicher die Nachbarn.« »Knutsch nicht rum vor der Haustüre, sonst denken die Nachbarn, du wärst ein Flittchen.« »Ich muss dringend die Hecken schneiden. Unser Garten sieht so ungepflegt aus, was sollen da die Nachbarn denken?« Es gibt so viele neugierige Ohren, Augen und Zeugen für unsere Übertretungen. Den Schein zu wahren und einen guten Eindruck zu hinterlassen ist für viele lebenswichtig. Sie wollen die Illusion ausstrahlen, alles im Griff zu haben, über den nichtigen kleinen Dingen des Lebens zu stehen.

Und dabei geht es natürlich nicht um die Nachbarn selbst, sondern ganz generell darum, was andere Leute über uns denken: wenn wir uns vor der Präsentation drücken, weil wir uns vor Chef und Kollegen blamieren könnten. Oder wenn wir einen gemütlichen Umtrunk nach der Arbeit ablehnen, weil wir uns beim Mittagessen mit Tomatensoße bekleckert haben und mit dem Fleck auf der Bluse unmöglich in eine Bar können.

Dabei sind nicht nur wir selbst mögliche Quellen eines beschämenden Verhaltens, sondern auch Menschen, mit denen wir verbunden sind, können uns beschämen. Meine Nichte im Teenageralter beispielsweise schämt sich, wenn wir zusammen shoppen gehen, weil sie das Verhalten von uns Erwachsenen blöd findet. »Ihr seid so peinlich«, sagt sie dann jeweils zu meiner Schwester und mir.

Wenn unser Kind in der Schule vom Lehrer beim Schummeln erwischt und vor versammelter Klasse zurechtgewiesen wird, ist ihm das unendlich peinlich. Aber nicht nur unser Kind schämt sich, sondern auch wir. Denn allein der Gedanke, dass die Schulkameraden zu Hause ihren Eltern erzählen könnten, was vorgefallen ist, treibt uns die Schamröte ins Gesicht. In unserer Hilflosigkeit schimpfen wir mehr als nötig mit unserem Kind. Wofür wir uns dann wiederum schämen: »Wie konnte ich wegen einer Kleinigkeit bloß so ausflippen?«

Brechen Sie aus Ihren Schuldgefühlen aus

Scham- und Schuldgefühle haben mit tiefen Prägungen zu tun. Sie einfach so über Bord zu werfen dürfte uns nicht leichtfallen, zumal sie mit kollektiven Werten verbunden sind, die in unserer Gesellschaft fest verankert sind. Doch wir können etwas dagegen tun, damit sie unser Leben nicht mehr ungefragt beherrschen. Hier ein paar Tipps, wie Sie aus Ihren Schuldgefühlen ausbrechen können:

• Finden Sie heraus, warum Sie sich schuldig fühlen, und schreiben Sie es auf: Was habe ich getan oder gesagt oder was habe ich unterlassen, für das ich mich nun schuldig fühle? Welchen persönlichen Wert oder Anspruch habe ich dadurch verletzt? Warum nehme ich mir das so übel? Was genau war so »schlecht« an meinem Verhalten?

- Setzen Sie Ihre Schuldgefühle in Relation zum tatsächlich Vorgefallenen: Wie schwer ist meine Verfehlung? Ist jemand ernsthaft zu Schaden gekommen? Lohnt es sich, dass ich mir noch länger darüber Gedanken mache, oder will ich das Ganze abhaken und zur Seite legen?
- Was kann ich daraus lernen? Was werde ich das nächste Mal anders machen?
- Und manchmal tut es auch einfach gut, wenn Sie herzhaft über Ihre Schuldgefühle lachen. Damit signalisieren Sie: Schuldgefühle sind oft einfach lächerlich und kaum der Rede wert.

Und wenn Sie zum Schluss kommen, dass Ihre Schuld wirklich schwer wiegt und Sie tatsächlich etwas gemacht haben, was Sie tief bereuen? Dann übernehmen Sie dafür die Verantwortung. Sprechen Sie mit dem Betroffenen darüber und entschuldigen Sie sich. Sagen Sie, dass es Ihnen leidtut. Und falls sich an der Situation noch etwas ändern lässt: Bieten Sie Ihre Hilfe an.

Und dann legen Sie das Geschehene zur Seite! Es bringt nichts, nächtelang darüber zu grübeln und sich selbst zu martern. Machen Sie sich nicht kleiner, als Sie sind. Sie haben vielleicht einen Fehler gemacht, aber deswegen sind Sie dennoch ein wunderbarer Mensch. Seien Sie großzügig und liebenswürdig sich selbst gegenüber.

Holen Sie Ihre Schamgefühle ans Licht

Über Scham zu sprechen ist beschämend. Dennoch ist dies der beste Weg, den Schamgefühlen ihren Schrecken zu nehmen.

Indem wir sie aus dem Verborgenen ans Licht holen, verlieren sie ihre Macht.

Studien zeigen, dass Frauen eine beschämende Situation deutlich besser verarbeiten und sich in der Folge selbstbewusster fühlen, wenn sie über ihre beschämenden Gefühle sprechen.

Wenn wir den Mut aufbringen, über etwas Peinliches zu sprechen, bieten wir zudem anderen die Chance, sich ebenfalls zu öffnen und ihre beschämenden Momente mit uns zu teilen. Vielleicht haben Sie auch schon die Situation erlebt, in der Ihnen jemand von einem peinlichen Erlebnis erzählt hat. Wissen Sie noch, wie froh Sie darüber waren, dass auch andere solche Erlebnisse haben, und wie viel leichter es Ihnen danach gefallen ist, selbst über einen solchen Vorfall zu berichten? Emotionen stecken an. Wenn wir uns öffnen und etwas Persönliches von uns preisgeben, öffnen wir beim Gegenüber häufig ein Ventil. Durch diese gegenseitige Zugänglichkeit entsteht eine große Nähe. Wir erkennen, dass wir nicht die Einzigen sind, die von schamhaften Erlebnissen geplagt werden.

• •

Schamgefühle kennen alle.
Darüber zu sprechen schafft Erleichterung.

• •

Frauen schämen sich häufig über ähnliche Dinge. Typische Schambereiche sind Körper, Mutterrolle, Arbeit, Sex, Alter und die Angst, nicht perfekt zu sein. Indem wir über diese Themen sprechen, erkennen wir, dass wir mit unserem Problem nicht allein sind. Auch andere Frauen schämen sich, weil sie sich mit ihrem ständig schreienden Baby überfordert fühlen. Oder weil sie bei der Beförderung schon wieder übergangen wurden. Oder weil sie beim Sex keinen Orgasmus haben. Oder weil sie ihre Eltern ins Altersheim schicken, statt sie selbst zu betreuen.

Sprechen Sie über Ihre Schamgefühle. Dadurch verlieren sie ihre Macht und Sie profitieren vom Wissen, dass Sie mit Ihren Empfindungen nicht allein sind. Dabei ist es wichtig, dass Sie sich für ein solches Gespräch die richtige Person aussuchen. Diese sollte in erster Linie empathisch sein und zuhören können. Ziel ist einzig und allein, dass Sie über eine beschämende Situation sprechen und sich austauschen können. Sie brauchen keine Ratschläge oder tröstenden Worte. Denn diese schaden meist mehr, als sie nützen: Wenn Ihre Gesprächspartnerin Ratschläge erteilt, drückt sie indirekt aus, dass Sie etwas falsch gemacht haben, dass sich dank der gut gemeinten Ratschläge verbessern lässt. Damit schreibt sie Ihnen Schuld für die Situation zu. Und wenn sie Sie tröstet, hebt sie sich selbst in eine überlegene Position: Sie sind im Gegensatz zu ihr jene mit den Problemen. Das verstärkt die Schamgefühle aber zusätzlich.

Falls also eine Freundin Ihnen von einer beschämenden Situation erzählt, hören Sie zu und zeigen Sie ihr, dass Sie ihre Not verstehen. Wenn Sie mögen, können Sie nach der Erzählung ein eigenes Erlebnis einbringen.

Getrauen Sie sich und erleben Sie, wie befreiend ein solcher Austausch ist. Und vielleicht gelingt es Ihnen sogar, gemeinsam über Ihre Erlebnisse zu lachen. Nicht über Ihre Empfindungen, aber über die Situation. Denn manchmal erscheint uns die Geschichte dann sogar als komisch und unser Lachen wirkt befreiend. Nichts bringt Schamgefühle schneller zum Verschwinden, als wenn wir mit einer lieben Freundin darüber lachen.

Lachen Sie gemeinsam über Ihre peinlichen Erlebnisse,
und Ihr Schamgefühl verpufft.

Falls es Ihnen gar nicht gelingt, über Ihr peinliches Erlebnis zu sprechen, schreiben Sie es auf. Das ist zwar weniger wirkungsvoll, aber immer noch viel besser, als wenn Sie es mit sich herumtragen. Lesen Sie die Geschichte dann ab und zu wieder durch, am besten laut. Mit der Zeit gewöhnen Sie sich an den beschämenden Gedanken und die Geschichte verliert an Gewicht.

Lassen Sie sich nicht beschämen

An diesem Tag sprechen Elli und Michelle noch lange über Situationen, in denen sie sich schuldig gefühlt oder sich geschämt haben. Michelle ist Elli dankbar, dass sie ihr zuhört und sie nicht verurteilt. Und je mehr sie über die beschämenden Situationen spricht, desto leichter fällt es ihr und desto weniger schlimm erscheint ihr das Ganze.

Auch Elli sind peinliche Situationen nicht fremd, wie Michelle zu ihrer Erleichterung herausfindet. Elli beichtet Michelle auch, dass sie sich nach ihrer flapsigen Bemerkung über die Scheidungs-Party geschämt hat. »Solche verbalen Ausrutscher passieren mir öfter«, gibt sie zu, »und ich fühle mich nachher immer schrecklich. Warum kann ich bloß den Mund nicht halten? Tja, da muss ich wohl noch dran arbeiten«, sagt Elli und schneidet eine Grimasse, sodass beide lachen müssen.

Nach einer kurzen Pause meint Elli ernst: »Weißt du, du kannst es ja sowieso nicht allen recht machen. Ich finde es gut, dass du dich entschieden hast, die Beziehung zu beenden, weil du nicht mehr glücklich warst. Andere finden das vielleicht falsch. Aber im Grunde spielt es ja gar keine Rolle. Denn es ist dein Leben. Du musst damit zufrieden sein. Wenn du es schon nicht allen recht machen kannst, mach es wenigstens dir selbst recht.«

Doch leider zeigt Ellis Bemerkung nicht die gewünschte Wirkung. Denn statt sich über die unterstützenden Worte zu freuen, sinkt Michelle in sich zusammen, wie ein Ballon, dem man die Luft rauslässt. »Es ist lieb, dass du mir helfen willst, aber es ist ja nicht so, als ob nur ich das Gefühl hätte, versagt zu haben. Auch meine Kollegen machen entsprechende Bemerkungen. Kürzlich hat mich ein Kollege bei einer Projektsitzung vor versammelter Mannschaft gefragt, ob ich noch Kapazität für die Mitarbeit an einem Projekt hätte, ›da du jetzt ja alleinerziehend bist‹. Kannst du dir das vorstellen? Ich war sprachlos.« Michelles Augen füllen sich mit Tränen. »Und meine Schwägerin hat mir ins Gesicht gesagt, dass allein ich schuld sei, dass es zwischen Stefan und mir nicht geklappt hat. Und dass sie ihn immer davor gewarnt hat, mich zu heiraten.« Elli hört Michelles Stimme an, wie sehr sie diese Bemerkung verletzt hat.

»Ach komm, das kannst du nun wirklich nicht ernst nehmen«, sagt Elli tröstend und nimmt ihre Freundin in den Arm. »Stefans Schwester ist ja nun nicht gerade neutral in der Sache. Die hätte wahrscheinlich gewollt, dass du ihrem Bruder die Pantoffel bringst und ihm jeden Wunsch von den Augen abliest. Aber wir leben halt nicht mehr im Mittelalter. Wir leben in der Moderne. Zum Glück!«, ergänzt sie und lächelt Michelle aufmunternd an. »Und was deinen Kollegen angeht: Dem würde ich mal die Meinung sagen, und zwar klipp und klar.«

Was tun Sie, wenn eine andere Person Sie beschämt? Wenn eine Freundin, die Nachbarin, der Arbeitskollege oder Ihre Schwester eine Bemerkung über Sie oder zu Ihnen macht, die Ihnen peinlich ist? Auch darüber sollten Sie sprechen – und zwar mit der betreffenden Person.

Erklären Sie ihr, welche Bemerkung Sie beschämt und wie Sie sich dabei fühlen. Erklären Sie der Person auch, was Sie von ihr erwarten. Treten Sie dabei höflich, aber bestimmt auf. Michelle könnte zu ihrem Arbeitskollegen sagen:

»Ich fand deine Bemerkung bei der letzten Sitzung unangemessen. Mein Familienstand tut nichts zu Sache und es ist mir unangenehm, vor dem ganzen Team darauf angesprochen zu werden. Wenn du dir künftig Gedanken über meine Arbeitsleistung oder mein Privatleben machst, komm bitte zu mir, und wir besprechen das unter vier Augen.«

Beschämende Bemerkungen können durchaus unbeabsichtigt sein. Aber selbst dann sollte das Gegenüber wissen, welche schlechten Gefühle es damit bei Ihnen auslöst. Und wenn Sie den Eindruck haben, jemand mache solche Bemerkungen mit Absicht, sollten Sie dies umso dringender ansprechen. Denn jeder sollte Verantwortung tragen für das, was er sagt.

• •

Lassen Sie sich nicht beschämen. Setzen Sie sich zur Wehr,
konfrontieren Sie die Person, die Sie beschämt,
mit ihrer Aussage.

• •

Einige Leute verstecken herabsetzende Bemerkungen hinter einer vorgeschobenen »Ehrlichkeit« und sagen,dass sie es »doch nur gut meinen«. Lassen Sie sich nicht davon täuschen. Niemand, der es gut mit uns meint, beleidigt uns mit fiesen Bemerkungen. Und Ehrlichkeit, die auf Wut, Angst, Neid oder

Verletzung basiert, ist keine echte Ehrlichkeit, sondern nur als solche getarnt. Doch wer absichtlich verletzt, weiß: Er oder sie wird selten für die beschämenden Aussagen zur Rechenschaft gezogen. Ziehen Sie die Verursacher deshalb unbedingt zur Verantwortung, indem Sie sie mit ihren Aussagen konfrontieren.

Und falls sie gar kein Einsehen haben und ihr herabwürdigendes Verhalten fortführen? Dann trennen Sie sich von diesen Personen und suchen Sie sich stattdessen Menschen, die Sie bejahen und die Ihr Leben mit positiven Gefühlen füllen.

Kultivieren Sie Ihren Stolz

Das Gegenteil von Scham ist Stolz. Wir sind stolz und zufrieden mit uns selbst, wenn wir etwas Tolles geleistet haben. Dadurch fühlen wir uns groß und kraftvoll.

Setzen Sie Ihren Schamgefühlen etwas entgegen, indem Sie Ihren Stolz kultivieren: Besinnen Sie sich auf Ihre Erfolge, auf all die Dinge, die Ihnen täglich gelingen und die Ihnen Freude machen. Am besten gelingt das, wenn Sie sich jeden Abend notieren, was Sie an dem Tag Wertvolles geleistet haben. Schreiben Sie jeden Abend mindestens vier Dinge auf:

* Was habe ich heute gut gemacht?
* Was ist mir besonders gut gelungen?
* Wo habe ich anderen geholfen und sie unterstützt?
* Was gibt mir ein Gefühl von Zufriedenheit?

Das können auch kleine Dinge sein, die außer Ihnen niemand bemerkt hat. Wie der Nachbarin die schweren Taschen in den dritten Stock hochtragen oder dass Sie sich in der Sitzung zu Wort melden, obwohl Sie schüchtern sind.

Überlegen Sie, worauf Sie stolz sind.
So können Sie Ihren Schamgefühlen etwas entgegensetzen.

. . . .

Schuld- und Schamgefühle sind vielleicht die stärksten Fesseln, die uns Frauen davor zurückhalten, Veränderung in unser Leben zu bringen und unserem frechen, wilden Ich näherzukommen. Denn wenn wir etwas Neues wagen, laufen wir immer auch Gefahr, dass es schiefgehen und wir uns blamieren könnten. Indem Sie lernen, konstruktiv mir Ihren Schuldgefühlen umzugehen und einen besseren Zugang zu Ihren Schamgefühlen zu finden, können Sie Ihr Wohlbefinden markant verbessern und sich in Richtung eines Lebens bewegen, das Sie sich immer gewünscht haben: freier, sicherer und glücklicher.

8. Schritt: Befreien Sie sich von Schuld und Scham

 Schuld- und Schamgefühle sind mächtig, weil wir sie unter einem Schleier des Schweigens verborgen halten. Entrinnen Sie diesem Teufelskreis, indem Sie sich Ihren negativen Gefühlen stellen. Nennen Sie sie beim Namen, auch wenn Sie sich damit der Meinung und dem Urteil der anderen ausliefern. Indem Sie über das Unaussprechliche reden, nehmen Sie Ihren Schuld- und Schamgefühlen die Nahrung, ähnlich, wie wenn Sie einem Feuer den Sauerstoff entziehen.

Rund, na und?

Angela steht im Supermarkt und sucht nach den Spaghetti. »Die dünnen müssen es sein, die mögen Olivia und Jasmin am meisten«, denkt sie und fügt mit einem Lächeln hinzu: »Und ich auch.« In dem Moment, wo sie die Hand nach den Teigwaren ausstreckt, merkt sie, dass sie nackt ist. Entsetzt versucht sie, sich mit der Spaghettipackung zu bedecken. Sie spürt, wie ihre Brüste gegen die kleine Fettrolle um ihren Bauch baumeln. Sie dreht sich mit dem Gesicht zum Regal, aber dies entblößt nur die Fülle ihrer Rückseite. Sie hört das Gelächter der Leute im Supermarkt, die mit den Fingern auf sie zeigen. Schützend hält sie eine Hand an ihr Gesäß, doch dann rutscht ihr die Spaghettipackung aus der Hand und fällt zu Boden. Sie bückt sich, um sie aufzuheben, während das grausame Gelächter um sie herum zu einem ohrenbetäubenden Lärm anschwillt.

Genau dann wacht sie normalerweise aus ihrem Alptraum auf, mit klopfendem Herzen und schweißnass. »Was ist los?«, fragt ihr Mann müde, »kannst du nicht schlafen?«

»Es ist nichts, ich gehe nur schnell in die Küche und hole mir ein Glas Wasser.«

»Das darf doch nicht wahr sein«, denkt Angela, als sie in die Küche stapft. »Jetzt habe ich diesen Alptraum schon fast jede Nacht. Nur die Örtlichkeit ändert sich. Aber immer geht es darum, dass ich esse oder mir etwas zu essen kaufe. Heute der Supermarkt, gestern das Abendessen bei Freunden, davor die Geburtstagstorte von Jasmin.« Angela schüttelt den Kopf. Warum ist sie bloß so besessen von ihrem Gewicht?

Gut, sie war nie ein Spargel wie Elli, auch als Kind nicht. Aber sie war schlank, wenn auch mit weiblichen Rundungen. Allerdings war sie schon sehr früh mit ihrer Figur unzufrieden und hat bereits in der Pubertät erste Diäten gemacht. Seit der Geburt ihrer Töchter legten sich dann immer mehr Kilos um ihre Hüften – und weitere kamen im Lauf der Jahre dazu.

Der Schönheits- und Schlankheitswahn hat in den letzten Jahren neue Dimensionen erreicht. Mit Sendungen wie »Germany's next Topmodel« wird uns gezeigt, dass Schönheit harte Arbeit ist. Wenn wir wirklich schön sein wollen, müssen wir uns schinden, beängstigende und beschämende Prüfungen überstehen, uns demütigen lassen. Wir müssen uns quälen, hungern und auf das Lustvolle im Leben verzichten. Mädchen, die Diäten machen, werden immer jünger. Mit einer Modelfigur vor Augen achten sie strikt auf ihre Ernährung und essen lieber Apfelscheiben als Schokolade. Denn Schönheit wird dir nicht geschenkt. Und nur ein ganz dünner Körper verspricht Anerkennung.

Frauen, die sich dem medial propagierten Schönheitsdiktat unterwerfen, haben gute Gründe, sich für ihren Körper zu schämen, sich hässlich und minderwertig zu fühlen. Der Druck ist groß und Frauen haben besonders hohe Ansprüche, was ihr Aussehen betrifft. Damit zusammenhängende Krankheiten wie Mager- oder Tablettensucht sind gerade unter Frauen häufig verbreitet.

Dass viele Frauen unglücklich mit ihrem Körper sind, zeigt sich auch an den unzähligen Diäten, die ständig neu auf den

Markt kommen, und an den vielen Diätbüchern, welche die Bestsellerlisten füllen. Mode- und Lifestyle-Zeitschriften präsentieren in jedem Heft eine neue, bahnbrechende Abspeckmethode. Und Promis wie Heidi Klum und Kate, die Duchess of Cambridge, zeigen uns, dass man mit Diät und Fitnessprogramm bereits sechs Wochen nach der Geburt wieder rank und schlank sein kann.

Doch Schönheit ist nicht nur Selbstzweck. In ihr kommt eine Eigenschaft zum Ausdruck, die in unserer Gesellschaft hoch geschätzt wird: Disziplin. Und sie zeigt, dass wir sowohl das Wissen als auch die Mittel besitzen, unseren Körper zu pflegen und zu präsentieren. Schönheit verleiht erwiesenermaßen einen höheren Status und mehr Prestige.

Es ist kein Geheimnis, dass gut und jung aussehende, schlanke und große Menschen leichter einen Job finden als kleine oder dicke. Bereits ein attraktives Foto hilft, um zum Bewerbungsgespräch eingeladen zu werden. Gut aussehende Menschen werden als intelligenter und freundlicher eingeschätzt. Den Zusammenhang zwischen Optik und beruflichem Erfolg bestätigen verschiedene wissenschaftliche Studien. Danach erzielen »schöne Menschen« materielle Vorteile vor allem dadurch, dass ihr Aussehen auf dem Arbeitsmarkt honoriert wird.

Dennoch ist Schönheit für Frauen ein zweischneidiges Schwert. Häufig reagieren Frauen neidisch und abwehrend auf gut aussehende Frauen. Und Männer haben Angst vor ihnen. Außerdem kämpfen viele schöne Frauen im Beruf immer noch gegen das Klischee von der dummen Blondine.

Sei natürlich!

Aber auch jenseits der Arbeitswelt sollten wir der Forderung nach einem makellosen Aussehen kritisch gegenüberstehen. Schönheit, wie sie uns heute in den Medien begegnet, ist eine reine Inszenierung. Selbst das angepriesene »natürliche« Aussehen hat nichts damit zu tun, wie wir von Natur aus erschaffen wurden. Es ist ein Kunstprodukt, das nichts, aber auch gar nichts mit der Natur unseres Körpers zu tun hat.

* * *

Studien belegen, dass über 90 Prozent aller Frauen unzufrieden mit ihrem Körper sind oder sich sogar für ihren Körper schämen.

* * *

Das Gefühl, einen körperlichen Makel zu haben und nicht attraktiv genug zu sein, ist so stark in uns verwurzelt, dass es unser Verhalten und Empfinden auch in anderen Lebensbereichen beeinflusst. Wenn wir im Kinofilm »Bridget Jones's Diary« sitzen, mögen wir zwar über Bridget lachen, die sich für das erste Date mit ihrem neuen Schwarm mittels Shapeware eine Kleidergröße schlanker macht – und sich dann scheußlich blamiert, weil sie die engen, unsexy Schlüpfer im Liebesspiel fast nicht ausziehen kann.

Im wahren Leben haben viele Frauen diesbezüglich wenig zu lachen. Sie schämen sich für ihre Figur, den dicken Hintern, die prallen Oberschenkel, den kleinen Busen. Was Frauen oft treiben, um Bauchfalten zu verstecken oder eine nicht mehr ganz straffe Brust zu verbergen, ist einer befriedigenden Sexualität abträglich: Sie verzichten auf ein erfülltes Sexualleben, weil sie sich nicht vor einem Mann ausziehen wollen. Oder sie stimmen Sex zu, weil er ihnen das Gefühl gibt, körperlich begehrenswert zu sein – obwohl sie momentan gar keine Lust darauf haben.

Dabei wäre das ganze Versteckspiel mit den überflüssigen Pfunden gar nicht nötig. Studien zeigen, dass man nicht schlank sein muss, um guten Sex zu haben. Ganz im Gegenteil: Übergewichtige Frauen sagen häufiger als schlanke Frauen, dass sie ein erfülltes Sexualleben haben.

Als kleine Randnotiz: Die Darstellerin von Bridget Jones, Renée Zellweger, nahm für ihre Rolle zehn Kilogramm zu, die sie sich im Anschluss an die Dreharbeiten binnen eines Monats wieder weghungerte …

Mit verzerrtem Blick

Kritisch betrachtet sich Angela im Spiegel. »Du bist einfach zu dick«, sagt sie zu ihrem Spiegelbild und fügt mit Blick auf ihr hellbraunes, kinnlanges Haar mit Innenrolle hinzu: »und etwas altbacken.« Dann nimmt sie eine Pinzette zur Hand und zupft sich ein paar weiße Haare aus. »Haare färben müsstest du auch mal wieder. Und die Beine rasieren.« Je länger Angela sich anschaut, desto mehr Makel findet sie. Sie zerrt an der Haut um ihre Augen, befühlt ihre Tränensäcke, begutachtet ihre Oberarme und reibt an ihren Schneidezähnen. Sogar ihre Füße, mit denen sie bisher immer ganz zufrieden war, da sie schön klein sind und sie sogar High Heels tragen kann, erscheinen ihr aufgeschwollen und hässlich.

»Ein Wunder, dass Nigel sich noch nie beklagt hat«, denkt sie, als sie durch die Dunkelheit zurück ins Schlafzimmer tappt und sich ins Bett legt.

Nach einiger Zeit sagt Nigel irritiert: »Angela, was ist los?«

»Was los ist?« Angela dreht sich auf den Rücken.

»Seit du wieder ins Bett gekommen bist, wälzt du dich ununterbrochen von einer Seite auf die andere.«

»Tut mir leid«, sagt Angela und küsst ihren Mann kurz auf den Mund. Nigel erwidert ihren Kuss leidenschaftlich und zieht sie an sich. Da packt Angela die Angst. »So hässlich, wie ich momentan bin, kann ich nicht mit ihm schlafen. Er wird sich vor mir ekeln.« Angela will nur noch eins: fliehen. Schnell sagt sie: »Soll ich ins Gästezimmer umziehen, damit du besser schlafen kannst?«

»Nein, ich möchte etwas ganz anderes«, flüstert Nigel und fängt an, ihre Brüste zu streicheln.

»Oh, bitte nein, lass mich. Ich bin so müde und habe morgen einen anstrengenden Tag und muss früh raus. Ein andermal«, sagt sie schon fast panisch und dreht sich auf die andere Seite.

Am nächsten Morgen traut sich Angela kaum, ihrem Mann in die Augen zu schauen, weil sie sich so für ihr Verhalten in der vergangenen Nacht schämt. »Ich schlafe sonst doch gerne mit Nigel und genieße den Sex mit ihm. Keine Ahnung, was mich gestern geritten hat. Es muss dieser verrückte Alptraum sein.«

Da kommt auch schon ihr Mann aus der Dusche. Er hat sich lässig ein Badetuch um die Hüften geschlungen, seine nassen Haare hängen ihm in die Stirn. »Du bist ja noch da. Ich dachte, du musst heute früh raus.« Hört Angela da einen kleinen Vorwurf in seiner Stimme, oder bildet sie sich das nur ein?

Sie entscheidet sich für die Flucht nach vorne. »Du hast ja Recht, ich muss gar nicht früh weg. Ich, ich hatte nur einen schrecklichen Alptraum. Dass alle mich wegen meines Gewichts auslachen. Ich habe mich geschämt …«

»Vor wem? Vor mir?«, entgegnet Nigel ungläubig.

»Nein. Ja, irgendwie schon. Ich dachte, ich wäre dick und häss-

lich. Und du willst vielleicht deswegen lieber eine andere…«
Angela fühlt sich schrecklich. Je mehr sie darüber redet, desto unglücklicher wird sie.

»Aber was erzählst du denn da? Was glaubst du, warum ich gestern Nacht mit dir schlafen wollte? Weil ich dich sexy finde und begehrenswert. Für mich bist du die attraktivste Frau, die ich mir vorstellen kann. Du bist lebhaft und charmant. Du bist eine tolle Mutter. Und eine gute Partnerin.« Als er ihren kritischen Blick sieht, fügt er hinzu: »Und ich mag's, eine richtige Frau in den Armen zu halten und nicht so einen Hungerhaken. Ich liebe alles an dir, auch deine Rundungen.« Nigel hält Angela fest und küsst sie zärtlich. »Und wenn du es schon nicht eilig hast …«, flüstert er ihr ins Ohr und führt sie ins Schlafzimmer.

Was denken Sie über sich selbst als Frau? Glauben Sie, dass Sie ein attraktives und bezauberndes Wesen sind, das andern viel zu geben hat? Dass Sie ausgestattet sind mit einem schönen Körper, der alles an sich hat, um ein selbstbewusstes, glückliches Leben zu führen? Fühlen Sie sich in Ihrem Körper zu Hause? Sind Sie froh oder gar stolz, eine Frau zu sein?

In Deutschland und der Schweiz gibt es nur wenige Frauen, die von ganzem Herzen von sich behaupten, dass sie gerne Frau sind und sich und ihren Körper lieben. Stattdessen schämen sich die meisten für ihren Körper und ihre Weiblichkeit. Wie traurig. Denn Scham- und Schuldgefühle verbauen uns den Zugang zu unserer Sinnlichkeit und verhindern die Freude an unserer Weiblichkeit.

Dabei spielt Schlanksein eine große Rolle. Kaum eine Frau strebt Schlanksein nicht als Ideal an und ist nicht ständig bemüht, Gewicht zu verlieren. »Krieg dem Fett«, lautet die Devise. Und das Verrückte daran: Auch viele schlanke Frauen können sich nicht annehmen und leiden unter einer permanenten Unzufriedenheit mit ihrem Körper, halten sich für zu dick und klagen über Orangenhaut.

Das Bild, das wir uns von unserem Körper machen, hat wenig zu tun mit unserem Körper, wie ihn andere wahrnehmen. Vielleicht haben Sie die Werbung für Bodylotion gesehen, in der Freundinnen sich gegenseitig Komplimente machen für die strammen Oberschenkel, die langen Beine, das Lächeln, eine schöne Haut, zarte, runde Schultern. Die Frauen waren jeweils sehr erstaunt, was die Freundinnen an ihnen alles schön fanden.

Klar, das ist Werbung und keine Wissenschaft. Dennoch finde ich diese Situation zutreffend. Es ist mit unserem Aussehen wie bei unseren Stärken und Talenten: Wir sehen die Vorzüge der anderen, aber nicht unsere eigenen, denn wir haben die Tendenz, unsere wertvollen Eigenschaften zu übersehen. Wir nehmen unsere schlanken Beine für selbstverständlich und verschwenden keinen Gedanken daran. Über unseren »fetten Arsch« ärgern wir uns aber jeden Tag.

Das Bild, das wir uns von unserem Äußeren machen, hat nichts zu tun mit dem Bild, das andere von uns haben. Es ist nichts Objektives an unserem Blick auf uns selbst. Wenn wir in den Spiegel schauen, sehen wir nie »die Wahrheit«, sondern wir sehen das, worauf wir unser Augenmerk richten, das, was wir sehen wollen. Und das ist eine wichtige Erkenntnis, denn dadurch werden wir wieder handlungsfähig. Wir sind nicht mehr hilflos einem Idealbild ausgeliefert, dem wir nie entsprechen werden, egal wie sehr wir uns auch bemühen. Wir nehmen unser Wohlbefinden und die Zufriedenheit mit unserem Aussehen selbst in die Hand.

Wir selbst sind dafür verantwortlich, wie wir uns sehen und über uns denken. Ob wir unseren Blick auf unsere Vorzüge und schönen Seiten richten und diese wertschätzen oder ob wir nur unsere Makel im Fokus haben. Wir haben die Wahl.

· ·

Ob Sie mit Ihrem Körper zufrieden sind,
entscheiden alleine Sie selbst.

· ·

Frauen werden besser, nicht älter

Ein schwieriges Thema ist auch das Altern. Wir haben es so häufig gehört, dass wir es schon fast selbst geglaubt haben: Ab 40 geht's für uns Frauen nur noch abwärts. Während die Männer immer attraktiver werden, haben wir Frauen den Zenit überschritten. Die tollen Jahre voller Lebensfreude und sexueller Anziehungskraft sind vorbei. Die Jugend galt lange als die einzige Lebensphase, in der die Frau begehrenswert war. Es schien geradezu Pflicht, die Jugend so lange wie möglich zu erhalten, bis sie sich nicht mehr konservieren ließ.

Zum Glück lassen wir Frauen uns heute davon nicht mehr so einfach aus der Ruhe bringen. Denn wenn wir ehrlich sind, fühlen wir uns heute viel besser als früher. Die Zukunft liegt nicht mehr unberechenbar vor uns, wir haben gelernt, dass wir unser Leben beeinflussen können. Wir wissen, was wir wollen. Und wir freuen uns auf das, was das Leben noch so alles in petto hat.

Auch wenn der Jugendwahn nach wie vor regiert: Was hat eine Zwanzigjährige zu bieten, was ich mit 40, 50 oder 60 nicht locker wettmachen könnte? Klar, meine Haut ist nicht mehr so straff. Dafür bin ich eine erfahrene, sinnliche Frau, die aus dem vollen Leben schöpft.

Denken Sie sich schön

Verabschieden Sie sich von Ihren Minderwertigkeitsgefühlen und steigen Sie aus diesem Mangelleben aus! Wenden Sie sich einem Leben zu, das es verdient, gelebt zu werden: frei, selbstbewusst, genussvoll.

Programmieren Sie sich neu. Wie wäre es mit einem der folgenden Glaubenssätze:

»Ich bin schön.«

»Ich liebe meinen Körper genauso, wie er ist.«

»Ich fühle mich rundum wohl in meiner Haut.«

»Mein fröhliches Lachen überstrahlt alles.«

»Ich bin ganz Frau.«

»Ich bin wunderbar weiblich.«

»Ich werde jeden Tag besser.«

»Ich darf so bleiben, wie ich bin.«

Wiederholen Sie Ihren bestärkenden Satz so oft wie möglich. Am Anfang haben Sie wahrscheinlich das Gefühl, sich etwas einzureden. Das ist ganz normal, denn schließlich reden Sie sich schon sehr lange ein, dass Sie unattraktiv sind. Es braucht eine Weile, bis diese negative Haltung langsam einer positiven Sicht Platz macht.

Geben Sie nicht auf. Sie werden sehen: Wenn Sie sich zur Einstellung entscheiden, dass Ihr Körper schön und liebenswert ist, und zwar genauso, wie er ist, dann werden Sie sich mit der Zeit in Ihrem Körper immer wohler fühlen und ihn immer besser akzeptieren können.

Liebe dich selbst, dann liebt dich die Welt

Nehmen Sie eine Frau aus Ihrem Bekanntenkreis, die Sie attraktiv finden. Was gefällt Ihnen an dieser Frau? Was macht sie in Ihren Augen so anziehend? Sind es ihre perfekten Gesichtszüge oder die Tatsache, dass sie kein Gramm zu viel auf den Rippen hat? Ich wette, daran haben Sie nicht einmal gedacht. Denn was Frauen attraktiv macht, ist ihre Ausstrahlung.

Schönheit ist kein Garant für Anerkennung, Glück, einen interessanten Job oder eine gute Partnerschaft. Ausstrahlung jedoch sehr wohl.

> *Eine sympathische Ausstrahlung schafft, was keinem Botox-lächeln gelingt: Sie gewinnt Herzen.*

Ausstrahlung hat viel mit dem eigenen Selbstwert zu tun. Dabei ist es gerade der Einklang mit dem eigenen Körper, der sinnlich macht und andere magisch anzieht.

Eine Frau, die davon überzeugt ist, dass sie schön ist, hat eine völlig andere Ausstrahlung als eine Frau, die sich ihrer schämt. Denn auch hier gilt: Emotionen stecken an. Wenn Sie offen und selbstbewusst auf andere Menschen zugehen, versetzen Sie diese in eine gute Stimmung. Dadurch wirken Sie gewinnend und werden als sympathischer und attraktiver eingeschätzt.

Wir bewundern Frauen, die ein sinnliches Verhältnis zu ihrem Körper haben. Denen wir ansehen, dass sie sich in ihrer Haut wohlfühlen und dass sie ein entspanntes Verhältnis zu sich und ihren kleinen Makeln haben. Denn häufig sind es gerade diese Schönheitsfehler, die uns interessant machen und vom Einheitsbrei abheben.

Frauen, die sich selbst mit ihren körperlichen Unvollkommenheiten und Makeln annehmen, die mit sich zufrieden sind, die sich selbst schön und begehrenswert finden, strahlen dies auch aus. Nur wenn wir uns selbst mögen und die schönen Seiten an uns wertschätzen, werden auch die anderen sie sehen und bewundern.

*Wenn wir uns **selbst** schön und wertvoll fühlen, sind wir auch für andere attraktiv.*

Entdecken Sie Ihre Schönheit

Seit diesem Morgen ist Angela viel zufriedener mit ihrem Körper und ihrem Aussehen und auch die Alpträume hat sie nur noch selten. Sie achtet zwar immer noch auf ihr Gewicht und geht jetzt sogar zweimal pro Woche walken, doch sie hat sich mit ihrem Aussehen und ihrem Gewicht angefreundet. Sie fühlt sich damit besser und glücklicher.

Und statt im Spiegel akribisch nach Fehlern zu suchen, achtet sie jetzt auf die schönen Eigenheiten ihres Körpers. Eines Tages, als sie mit Elli im Wald walken geht, bemerkt diese:»Du hast dich verändert. Du siehst zufriedener aus und selbstbewusster. Du hast eine ganz andere Haltung. Irgendwie stolz. Wie kommt das?«

Doch Angela lächelt nur geheimnisvoll. Und gibt Elli damit einiges zum Nachdenken.

Stellen Sie sich vor, Sie schauen in den Spiegel und eine rundum zufriedene, glückliche Frau strahlt zurück. Wäre das nicht wunderbar? Und das geht. Denn Sie besitzen bereits alles, was es braucht, um sich schön zu fühlen, sie erkennen es bloß nicht.

Werden Sie sich bewusst, was Sie an sich schön finden. Stellen Sie sich vor den Spiegel und betrachten Sie sich anerkennend:

- Was an meinem Körper ist schön?
- Was gefällt mir an meinem Gesicht?
- Worauf bin ich stolz?
- Was macht mich attraktiv und sexy?
- Worum beneiden mich meine Freundinnen?

Achten Sie auch darauf, wofür Sie regelmäßig Komplimente bekommen:

- Was finden andere an mir attraktiv? Was gefällt meinem Partner oder meiner Freundin?
- Welche Komplimente erhalte ich regelmäßig für mein Aussehen?

Notieren Sie Ihre Antworten in Ihrem Tagebuch und lesen Sie Ihre Notizen immer wieder durch. Wenn Ihnen etwas Neues an sich auffällt, das Ihnen gefällt, notieren Sie es. Konzentrieren Sie sich dabei nur auf Ihre Vorzüge und lassen Sie Ihre Schwachstellen außen vor.

Noch ein Wort zum Thema »Komplimente«: Wie reagieren Sie, wenn jemand Ihnen ein Kompliment macht? Wenn Ihr Kollege nach Ihren Ferien bemerkt: »Du siehst toll aus«? Freuen Sie sich über das Kompliment oder winken Sie ab und spielen Sie es herunter mit Worten wie: »Wirklich? Dabei habe ich doch zwei Kilo zugenommen. Und richtig braun bin ich auch nicht geworden, dafür war das Wetter zu schlecht.« Schade. Denn mit diesem Verhalten machen Sie nicht nur sich selbst klein. Sie kränken auch die Person, die Ihnen das Kompliment macht. Es ist, als ob Sie einen schönen, geschenkten Blumenstrauß einfach in die Mülltonne schmissen.

* *

Freuen Sie sich über ein Kompliment
und sagen Sie »Danke!«.

* *

Nur echt ist sexy

Wenn wir frei werden wollen von unrealistischen und überzogenen Vorstellungen, müssen wir auf die Weisheit unseres Körpers hören. Vergessen Sie das ewige Kalorienzählen und die Tyrannei der Waage. Hören Sie stattdessen auf Ihren Körper. Nur so finden Sie zu einem gesunden Körpergefühl. Denn Sie wissen selbst am besten, wann Sie sich fit und gesund fühlen und wann nicht.

Ändern Sie zudem die Perspektive: Betrachten Sie Ihr Aussehen nicht losgelöst von Ihren anderen Eigenschaften. Es ist zwar ein alter Spruch, aber deswegen nicht weniger wahr: Schönheit ist immer beides, körperliche Schönheit gepaart mit Schönheit des Wesens.

Schauen Sie sich das Gesamtpaket an. Wenn Sie Ihren Körper ablehnen, weil er Ihre Erwartungen nicht erfüllt, verlieren Sie an Authentizität, wirken unecht und nicht stimmig. Und das spürt Ihr Gegenüber. Nur wer echt ist, wirkt attraktiv; ein gekünsteltes Verhalten wird als unangenehm empfunden.

Nehmen Sie sich deshalb nochmals die Liste mit den Eigenschaften zur Hand, auf die Sie stolz sind, und legen Sie sie neben die Liste mit Ihren körperlichen Vorzügen. Das alles sind Sie. Sie bestehen nicht nur aus Charakter, Intelligenz oder Äußerlichkeiten. Betrachten Sie sich als Gesamtkunstwerk. Nehmen Sie dieses Bild in sich auf und freuen Sie sich darüber.

Bringen Sie Ihre Persönlichkeit zum Strahlen

Häufig machen wir uns auch unnötig klein, weil wir Angst vor Neid und Missgunst haben. Statt stolz auf unsere Anziehungskraft zu sein, reden wir uns schlecht, da wir fürchten, sonst eingebildet zu wirken und abgelehnt zu werden.

Ich kenne groß gewachsene Frauen, die keine hohen Absätze tragen, weil sie andere nicht überragen und aus der Masse herausragen möchten. Wie schade. Denn eine große Frau hat einen Vorteil, den sich viele erst hart erarbeiten müssen: Sie wird gesehen.

Genießen Sie alles, was Sie von anderen unterscheidet und Ihnen Charakter verleiht.

Freche, wilde und wunderbare Frauen verstecken sich nicht in der großen grauen Masse. Das gilt auch für Sie. Zeigen Sie sich selbstbewusst. Passen Sie sich nicht an, versuchen Sie sich nicht kleinzumachen oder sich dezent im Hintergrund zu halten, aus Angst, andere könnten neidisch sein oder Sie für arrogant halten. Strahlen Sie. Stehen Sie aufrecht und tragen Sie High

Heels, auch wenn Sie groß sind, tragen Sie auffallende Kleidung und Schmuck, wenn Sie das mögen, machen Sie sich hübsch und ergreifen Sie das Wort, wenn Sie etwas zu sagen haben.

Genießen Sie das gute Gefühl, eine schöne und attraktive Frau zu sein. Seien Sie stolz auf die positive Wirkung, die Sie damit erzielen. Genießen Sie Ihren Körper und dass Sie sich wohl darin fühlen. Fürchten Sie sich nicht davor, wegen Ihrer Ausstrahlung abgelehnt zu werden.

Und wenn Sie doch einmal auf Ablehnung stoßen, weil andere das Gefühl haben, Sie stünden ihnen in der Sonne? Gehen Sie einfach darüber hinweg. Wie kleine Wolken am Himmel lassen Sie auch gehässige Bemerkungen und böse Blicke einfach vorbeiziehen. Und das gilt natürlich nicht nur für das Thema »Schönheit«, sondern ganz generell.

* * *

Lassen Sie sich nicht ständig aus der Ruhe bringen.
Wählen Sie aus, was Sie in Ihr Leben lassen und was
draußen bleiben muss.

* * *

9. Schritt: Genießen Sie Ihre Sinnlichkeit

Lassen Sie sich Ihr Leben nicht von unrealistischen Schönheitsidealen vergällen. Akzeptieren und lieben Sie sich so, wie Sie sind. Stehen Sie zu Ihrem Körper und seinen kleinen Makeln. Denn gerade das Unperfekte hebt Sie von der grauen Masse ab und verleiht Ihnen Persönlichkeit. Genießen Sie das Gefühl, eine attraktive, sinnliche Frau zu sein, und zeigen Sie sich, selbstbewusst und stolz. Werden Sie älter – und genießen Sie jede Minute Ihres Lebens. Dadurch erlangen Sie, was keine Schönheits-OP Ihnen schenken kann: Ausstrahlung.

Beziehungen auf Augenhöhe

Der Sommer ist fast vorbei. Die Tage sind zwar noch warm, doch am Morgen bildet sich bereits erster Bodennebel. Helen schneidet gerade die letzten Rosen zu einem Strauß, als ihre Nachbarin ihr über den Rasen entgegenkommt.

»Hallo Helen, geht es dir gut?«, fragt sie gut gelaunt.

»Hallo Fiona. Sehr gut, danke. Und dir?«

»Bestens. Wir fahren am nächsten Wochenende für drei Wochen nach Kalifornien.«

»Schön, dann könnt ihr den Sommer verlängern«, entgegnet Helen. Sie ist etwas erstaunt, da Fiona und ihr Mann erst kürzlich für zwei Wochen auf einer Kreuzfahrt im Mittelmeer waren, lässt sich jedoch nichts anmerken.

»Seit Heinrich in Rente ist, ist er nicht mehr zu bremsen. ›Ich habe so lange auf die Pension gespart, jetzt will ich leben wie ein König!‹, sagt er immer. Und da wollte ich dich fragen, ob du in dieser Zeit auf unser Haus aufpassen und unseren Garten versorgen kannst.« Fiona macht eine kurze Pause, um Helens Reaktion abzuwarten.

»Oh nein, nicht schon wieder!«, geht es Helen durch den Kopf. Als sie nichts entgegnet, fährt Fiona fort: »Du bist doch den ganzen Tag zu Hause – da ist dir ein bisschen Abwechslung sicher willkommen.«

»Ein bisschen Abwechslung?«, denkt Helen ohnmächtig. »Ich habe diesen Sommer nichts anderes gemacht, als mich um euer

Haus kümmern!« Doch das kann sie ihrer Nachbarin nicht sagen, schließlich möchte sie keinen Streit. Deshalb sagt sie nur: »Klar kann ich das machen, allerdings ist es etwas viel für mich, da meine Mutter nach ihrem Unfall intensive Betreuung braucht. Kann das nicht eines eurer Kinder übernehmen?«

»Ach, die sind auch immer unterwegs. David reist sehr viel für seinen neuen Job, und seit Karin das Baby hat, ist sie zu nichts mehr zu gebrauchen. Ich wäre wirklich froh, wenn du das übernimmst.«

Helen fühlt sich in die Enge getrieben. Am liebsten würde sie sich verstecken, wie damals als Kind, wenn sie mit ihrer Schwester Streit hatte. »Sicher, ich mach's«, sagt sie schließlich mit einem tiefen Seufzer. Doch solche subtilen Gesten sind bei ihrer Nachbarin reine Verschwendung.

»Das freut mich«, sagt Fiona mit einem triumphierenden Lächeln. »Ich wusste doch, dass ich mich auf dich verlassen kann.«

Helen wartet darauf, dass ihre Nachbarin endlich weggeht. Doch diese rührt sich nicht vom Fleck. »Ist noch etwas?«, fragt sie.

»Weißt du, Heinrich und ich haben uns überlegt, dass es am einfachsten ist, wenn wir dir gleich alle Zeiten notieren, wo wir auf Reisen sind.« Fiona hält Helen einen Zettel unter die Nase, auf der etwa fünf Reisetermine stehen. Sie schaut Fiona entgeistert an. Doch diese scheint davon nichts zu bemerken und meint wie selbstverständlich: »Diese Termine kannst du dir ja schon mal notieren. So könnt auch ihr einfacher eure Ferien planen.«

Helen ist wie erstarrt, unfähig, etwas zu sagen. Das nutzt Fiona geschickt aus. »Also dann, bis nach den Ferien«, sagt sie beschwingt, macht auf dem Absatz kehrt und schreitet zurück zu ihrem Haus. Helen steht nur da und starrt ihr mit offenem Mund hinterher.

Es trifft sicher zu, dass die meisten Frauen gerne harmonische Beziehungen pflegen und eher konfliktscheu sind. Verständlich, denn Frauen verstehen sich als »Beziehungsstifterinnen«. Da das klassische Rollenbild besagt, dass Frauen »beziehungsfähiger« seien als Männer, glauben sie, die ganze Verantwortung für gelingende Beziehungen liege bei ihnen.

* *

Frauen suchen den Fehler sofort bei sich,
wenn das Wohl in Familie, Partnerschaft und Team
gefährdet ist.

* *

Scheitern Beziehungen oder gelingen sie nicht so, wie Frauen es sich wünschen, geben sie sich dafür die Schuld. Wenn Beziehungen kriseln, suchen Frauen den Fehler sofort bei sich, glauben, dass die Beziehung funktionieren würde, wenn sie nur anders wären: geduldiger, spontaner, fröhlicher, oder wenn sie besser zuhörten, weniger Fragen stellten, weniger anspruchsvoll wären.

Dabei vergessen sie, dass sie nicht allein für das Gelingen einer Beziehung verantwortlich sind, sondern dass der andere eine genauso große Verantwortung trägt.

Bloß keinen Ärger machen!

Je schwieriger eine Beziehung wird, desto mehr engagieren sich Frauen dafür und versuchen, es dem anderen noch mehr recht zu machen. Sie sagen noch häufiger »ja, das mach ich« oder »ich kann das übernehmen«, sind noch freundlicher, noch geduldiger, noch mehr bereit, Überstunden zu leisten oder die Nachbarskinder zu hüten. Sie übernehmen die Rolle der fürsorglichen Tochter, der genügsamen Ehefrau, der geduldigen Freundin, der hilfsbereiten Kollegin, statt für ihre eigenen Bedürfnisse und Wünsche zu kämpfen. Denn Frauen leben im Glauben, dass sie mehr geliebt werden, wenn sie sich anpassen, für andere bedingungslos da sind und für sich selbst nichts fordern.

Frauen, vor allem wenn sie wenig Selbstbewusstsein haben und sich von anderen abhängig fühlen, lassen sich auch unverschämte Forderungen gefallen. Statt sich zu wehren, stellen sie das Aufrechterhalten der Beziehung über ihre eigenen Bedürfnisse. Für viele Frauen ist die Angst, den anderen vor den Kopf zu stoßen, größer als der Wunsch, die eigenen Bedürfnisse zu verwirklichen. Um Beziehungen nicht zu gefährden, unterdrücken sie die eigenen Bedürfnisse zugunsten der Wünsche anderer. Bloß keinen Ärger machen! Sie wollen nichts riskieren, was die Beziehung gefährden könnte. Denn Kampf bedeutet ein doppeltes Risiko: Zum einen könnte sich der andere beleidigt oder verletzt zurückziehen, zum anderen fürchten sie Konfliktsituationen und die daraus resultierenden Schuldgefühle.

Negative Gefühle wie Enttäuschung, Wut, Ärger und Aggression wollen Frauen auf keinen Fall zeigen, das könnte die anderen verärgern. Lieber geben sie nach, tun etwas dem Frieden zuliebe. So laufen sie nicht Gefahr, den anderen zu verstimmen oder seine Zuneigung zu verlieren.

• •

Frauen, die nach harmonischen Beziehungen streben,
verzichten auf ihre eigenen Bedürfnisse und Wünsche.

• •

»Liebesentzug« ist für die meisten Frauen das Schlimmste, das sie sich vorstellen können. So verleugnen sie oft ihre wahren Gedanken und Empfindungen, weil sie glauben, dass diese bei anderen nicht gut ankommen. Lieber präsentieren sie ihrer Umwelt das Bild der souveränen Powerfrau, die alles im Griff hat. Doch mit dieser Fassade tun wir weder uns noch anderen Frauen einen Gefallen. Im Gegenteil: Weil wir nicht mit anderen über unsere Überforderung sprechen, denken wir, wir wären die Einzige, die den Anforderungen nicht gewachsen ist. Und fühlen uns einmal mehr als Versagerin.

Und wie läuft's bei Ihnen?

In meinen Coachings berichten mir viele Frauen, dass sie sich verhalten wie Helen. Dass sie sich zwar im Stillen ärgern, ihren Ärger dem Gegenüber jedoch verschweigen.

Falls Sie sich in dieser Beschreibung wiedererkennen, lohnt es sich, einen genaueren Blick auf Ihr Beziehungsverhalten zu werfen. Dabei helfen Ihnen folgende Fragen:

- Gehe ich häufig Konzessionen ein, »um des lieben Friedens willen« oder um niemanden zu verletzen?
- In welchen Situationen stecke ich meine Bedürfnisse zurück? Und bei wem?
- Wie häufig mache ich mir Gedanken über meine Bedürfnisse und Wünsche in einer Beziehung?
- Bringe ich meine Bedürfnisse zum Ausdruck? Wenn ja, bei wem?
- Wie häufig setze ich mich gegen die Wünsche anderer durch?
- Bei wem fällt mir dies besonders schwer?

Sie müssen und können sich nicht immer durchsetzen. Menschen, die jede Auseinandersetzung um jeden Preis gewinnen wollen, machen sich unbeliebt. Aber Sie sollten Ihre Interessen wahren und sich vor allem dann durchsetzen, wenn es Ihnen besonders wichtig ist. Also: Wie sieht Ihre Bilanz aus? Finden Sie ein gutes Maß zwischen »durchsetzen« und »nachgeben«? Oder müssen Sie noch an Ihrer Durchsetzungsfähigkeit arbeiten?

Nicht ohne meine beste Freundin

Helen ist vom rücksichtslosen Verhalten ihrer Nachbarin schockiert. Sie muss unbedingt mit jemandem darüber sprechen und ruft ihre Freundin Angela an, der sie die ganze Geschichte erzählt. Nachdem Angela ruhig zugehört hat, sagt sie einfühlsam: »Das tut mir so leid. Wie kann jemand nur so egoistisch sein. Der reinste Bulldozer.«

»Ich bin so enttäuscht. Ich dachte immer, Fiona sei nett. Dabei nutzt sie mich nur aus. Und ich bin enttäuscht über mich selbst. Dass ich mich nicht zur Wehr gesetzt habe. Dabei habe ich doch wirklich Wichtigeres zu tun, als ihr das Haus zu besorgen.« Helen ist froh, dass Angela ihr einfach nur zuhört und sie nicht gleich mit Lösungsvorschlägen unter Druck setzt.

»Ich verstehe dich absolut. Und ich verstehe auch, dass du im ersten Moment zu überrumpelt warst, um der Frau Kontra zu geben. Mit einer solch dreisten Forderung konntest du wirklich nicht rechnen.«

Angelas Verständnis tut Helen gut. Deshalb fügt sie hinzu: »Und wer weiß: Vielleicht steige ich ja in der Zahnklinik mit einem kleinen Pensum ein, dann habe ich noch weniger Zeit als jetzt.«

»Das überlegst du dir ernsthaft?« Angela ist erstaunt. Das hätte sie nicht gedacht.

»Ja, doch. Und das würde mir viel mehr Freude machen, als bei anderen Leuten nach dem Haus zu schauen. Ich muss einen Weg finden, aus dieser Sache rauszukommen.« Beim Gedanken an einen möglichen Wiedereinstieg ins Berufsleben erwachen bei Helen die Kampfgeister.

»Na, das ist doch eine starke Haltung«, lobt Angela. »Und du wirst sicher einen Weg finden, wie du diesen Nachbarschaftsjob schnell wieder loswirst. Wenn du magst, unterstütze ich dich dabei.«

»Du bist wirklich die Beste!«, entgegnet Helen glücklich. »Es ist so schön, dich als Freundin zu haben.«

Eine besondere Art der Beziehung pflegen Frauen zu ihrer »besten Freundin«. Mit ihr können sie über alles sprechen. Nicht nur über die positiven Seiten des Lebens, sondern auch über ihren Kummer und ihre Ängste, über Peinliches und Intimes.

Freundschaft entsteht, wenn wir merken, dass wir ähnliche Erfahrungen machen und ähnlich ticken, wenn wir merken: »Ja, genauso geht es mir auch!« – und das wohltuende Gefühl erleben, nicht alleine mit unseren Empfindungen zu sein.

Frauen wollen in einer Freundschaft vor allem eines: verstanden werden. Sie wollen sich austauschen über ihre Gefühle, ihre Gedanken, ihre Hoffnungen, ihre Sorgen. Dadurch erleben sie ein Gefühl von Zugehörigkeit und Unterstützung. Da ist jemand, der mir zuhört, der meine Gedanken und Gefühle teilt, der sich für mich interessiert und sich mit mir auseinandersetzt. Jemand, dem ich wichtig bin. Das ist intensiv, nährend und macht uns glücklich.

Freundschaften sind für die Menschen generell und für Frauen ganz besonders eine Quelle großer Freude und Erfüllung. Ohne Freundschaften wäre unsere Welt öde und leer. Freundschaft hat eine sehr wichtige psychische, aber auch physische Funktion. Wer Freunde hat, ist glücklicher, verfügt über ein größeres Selbstwertgefühl und fühlt sich besser aufgehoben. Freundschaft ist lebenswichtig. Sie stärkt, bietet Möglichkeiten der Identitätsfindung und Orientierung und kann letztendlich auch durch schwere Zeiten helfen.

• •

Frauen definieren sich über Beziehungen.
Sie werden stark von den wichtigen Personen
ihres Umfelds beeinflusst.

• •

Bei meinen Recherchen zu diesem Buch bin ich auf eine Homepage gestoßen, auf der man Sprüche zu den verschiedensten Themen anbringen kann. Die Eintragungen zum Thema »Beste Freundin« zeigen eindrücklich, wie tief die Gefühle für die beste Freundin bei jungen Frauen gehen können. Von Liebe und Vertrauen ist dort die Rede, von einem Engel, ohne den man nicht leben könnte, und von der Unverrückbarkeit der gegenseitigen Zuneigung. Es ist aber auch die Rede von Verrat und Enttäuschung, weil die ehemals beste Freundin nun lieber mit ihrem neuen Freund zusammen ist oder weil sie sich einer neuen besten Freundin zugewandt hat – ein Vertrauensbruch, der als sehr tiefgehende Verletzung empfunden wird. Ein Mädchen schließlich sucht verzweifelt Rat, weil es ihr trotz aller Bemühungen noch nicht gelungen ist, eine beste Freundin zu finden, und sie deswegen immer mutloser wird und sich minderwertig fühlt.

Diese Beispiele zeigen eindrücklich, wie wichtig es für viele Mädchen ist, eine enge Bezugsperson zu haben, die ganz und gar für sie da ist. Mädchen dagegen, die kein Interesse an solchen ausschließlichen Beziehungen haben, werden schnell zur Einzelgängerin gestempelt. Zu Unrecht. Denn während sich beste Freundinnen in eine Abhängigkeit begeben, bewahren sich diese Mädchen die Freiheit, immer wieder neu zu entscheiden, mit wem sie was teilen wollen.

Reden über Gott, die Welt – und uns

Fragt man Frauen, was sie von ihrer Freundin erwarten, wird klar: Die Ansprüche sind hoch. Sie muss Herz und Gefühl haben, immer für uns da sein, uns Zeit und Zuwendung schenken. Sie sollte uns zuhören und verstehen – und bei Bedarf auch gute Ratschläge geben. Sie soll aber auch Nähe zulassen, indem sie sich selbst öffnet und über sich und ihre Gefühle spricht. Außerdem sollte sie die gleichen Interessen haben, damit man neben den Gesprächen etwas gemeinsam unternehmen und Spaß haben kann.

Die Wünsche an eine gute Freundschaft zeigen: Das zentrale Element in Frauenfreundschaften ist die Kommunikation. Reden und zuhören, verstehen, einfühlen, ratschlagen. Frauen konzentrieren sich in Gesprächen ganz und gar auf ihr Gegenüber. Sie sitzen einander gegenüber und sprechen miteinander übereinander; während im Vergleich dazu Männer eher nebeneinander stehen und gemeinsam über etwas Drittes sprechen.

Eine Beziehung ohne Gespräche ist in den Augen vieler
Frauen keine bereichernde Beziehung.

So wird auch verständlich, warum Frauen schnell die Beziehung zu ihrem Partner infrage stellen, wenn dieser nicht bereit ist, über sich und über das, was sich in seinem Innern abspielt, zu sprechen.

Negative Gefühle sind tabu

Über die Jahre verändert sich eine Frauenfreundschaft. Sind erst einmal Kinder da oder haben beide einen anspruchsvollen Job, bleibt wenig Zeit für gemeinsame Shoppingtouren und Weiberabende. Die Gespräche werden seltener. Und wenn die eine Familie hat und die andere Single bleibt, entwickeln sich nicht nur die Verpflichtungen in eine unterschiedliche Richtung, sondern häufig auch die Interessen. Es droht eine Entfremdung. Das war auch bei unseren vier Freundinnen der Fall, die sich nach der Kindheit aus den Augen verloren und erst als erwachsene Frauen wieder zueinander gefunden haben.

Die größte Gefahr für eine Freundschaft ist jedoch nicht ein Mann oder ein Jobangebot in einer fernen Stadt, sondern sie besteht darin, dass Frauen über ihre negativen Gefühle in der Beziehung nicht sprechen. Frauen können ihrer Freundin nicht sagen, wenn sie sich von ihr verletzt fühlen.

Frauen haben nicht gelernt, miteinander zu streiten, da sie stets befürchten, die andere könnte sich zurückziehen. Die Angst, dass eine Unstimmigkeit zum Bruch führen könne, ist allgegenwärtig. Und so wird die eine ihre Unzufriedenheit runterschlucken, während die andere mit einem schlechten Gewissen leben muss.

Dies ist auch der Grund, warum Frauen sich mit Konkurrenzsituationen so schwer tun – gerade wenn es um die Konkurrenz mit anderen Frauen geht. Das Konkurrenzverhalten von Frauen scheint paradox und lässt keine befriedigende Lösung zu: Einerseits wollen Frauen mit anderen Frauen um Macht und Einfluss konkurrieren, andererseits verbietet das Argument des angeblich weiblichen Urbedürfnisses nach Harmonie und Zusammenhalt genau dieses Machtstreben. Mit fatalen Folgen: Während Konkurrenzkämpfe unter Männern von der Gesellschaft als normal, ja sogar als gesund angesehen werden, wird der Kampf »Frau gegen Frau« öffentlich tabuisiert und geächtet. So tragen Frauen ihre Kämpfe meist im Verborgenen aus, was von den Betroffenen zu Recht als hinterhältig und rücksichtslos empfunden wird.

Damit es Frauen gelingt, sich aus der Verstrickung von Harmonie- und Machtbedürfnis zu befreien, müssen sie lernen, dass wetteifern und miteinander konkurrieren natürliche Bedürfnisse sind – und zwar auch ihre.

Während enge Frauenfreundschaften viel Einzigartiges und Stärkendes bieten, haben sie aber auch eine negative Seite: Es handelt sich häufig um symbiotische Beziehungen, welche die Gefahr bergen, vereinnahmend zu werden. Frauen binden sich bereits früh in Beziehungen, in denen eifersüchtig darüber gewacht wird, dass die beste Freundin nicht »fremdgeht« und sich einem anderen Mädchen zuwendet. Diese symbiotische Beziehung führen wir später mit unserem Lebenspartner oder unserer Lebenspartnerin fort. Und auch hier sind wir gewillt, uns unterzuordnen – genauso wie wir es jahrelang gelernt haben.

Ichbezogen und rücksichtsvoll

Ich sage nicht, dass Frauen Beziehungen eine so große Bedeutung beimessen, sei falsch. In Beziehung zu stehen ist ein elementares Bedürfnis von uns Frauen, denn wir definieren und erleben uns über unsere Beziehungen. Insofern zielt die Forderung, Frauen müssten autonomer sein und weniger auf gelingende Beziehungen achten, an den Bedürfnissen der meisten Frauen vorbei. Lassen Sie sich also bitte nicht einreden, Sie seien »harmoniesüchtig« oder »konfliktscheu«. Das ist eine Abwertung der weiblichen Beziehungsfähigkeit, die wir nicht verdienen.

Es sind jedoch die symbiotischen und ausschließlichen Beziehungen, denen ich kritisch gegenüberstehe. Denn indem wir uns auf eine beste Freundin und einen Partner konzentrieren, begeben wir uns in eine große Abhängigkeit.

• •

Genießen Sie Ihre Freundschaften –
allerdings ohne in eine einseitige Abhängigkeit zu geraten.

• •

Freundschaften dürfen uns nicht daran hindern, dass wir unsere eigene Freiheit und Selbstbestimmung leben – trotz inniger Verbindung und Nähe. Denn was wir uns letztendlich wünschen, sind Beziehungen auf Augenhöhe, in denen zwei gleichwertige, erwachsene Menschen einander begegnen.

Frauen wollen gleichberechtigt sein. Und während die Emanzipationsbewegung von den Männern gefordert hat, dass sie sich und ihr Verhalten ändern, ist es nun an uns Frauen, uns zu ändern. Denn die Benachteiligungen, die uns gerade in

Beziehungen widerfahren, wurzeln häufig in unserem eigenen Denken und Handeln.

Unser Leben zu entdecken heißt deshalb auch, unsere Freiheit und Selbstbestimmung zu entdecken. Das ist letztendlich der Kern von Astrid Lindgrens Zitat: Wenn wir frech und wild genug sind, selbstbestimmt zu leben, dann sind wir im wahrsten Sinn des Wortes »frech, wild und wunderbar«. Wenn wir zugleich ichbezogen und rücksichtsvoll sind, dann können wir ein Leben verwirklichen, das uns glücklich macht. Dann können wir wertschätzende, innige Freundschaften und Partnerschaften gestalten.

Pflegen Sie Ihre Selbstachtung

Ich bin überzeugt, dass wir anderen nur eine starke, unterstützende und attraktive Partnerin sein können, wenn wir uns selbst achten und wertschätzen. Erst Selbstachtung gibt uns die Freude und Energie, uns wirklich auf andere Menschen einzulassen und das Zusammensein zu genießen.

Wenn wir uns hingegen geringschätzen und uns ohne Respekt begegnen, werden wir uns unterlegen und wertlos fühlen und können weder uns selbst noch anderen eine Stütze sein. Achtung gegenüber uns selbst hat also nicht nur eine eigennützige Komponente, sondern dient auch unseren Nächsten.

Damit dies gelingt, müssen wir lernen, uns durchzusetzen. Nicht immer und in jeder Situation. Aber dann, wenn es uns wichtig ist. Oder wenn andere rücksichtslos in unser Leben eingreifen und uns in unserer Entfaltung und in unserem Lebensglück beschneiden.

Lassen Sie nicht zu,
dass andere über Ihr Leben bestimmen.

Sie können nicht jede Auseinandersetzung gewinnen. Aber Sie sollten für das kämpfen, was Ihnen wichtig ist. Nehmen Sie nochmals Ihre Notizen zur Hand, die Sie vorhin in Bezug auf Ihr Verhalten in Beziehungen gemacht haben, und überlegen Sie sich:

- Wie möchte ich meine Beziehungen generell gestalten?
- Was ist mir in einer Beziehung besonders wichtig?
- Wie wichtig ist mir ein Wunsch, Ziel oder ein bestimmtes Ergebnis?
- Wann kann ich sagen: Ich werde mir selbst gerecht und bin achtsam mit anderen?
- Wann ist es besser, nachzugeben und mich auf Wichtigeres zu konzentrieren?
- Lohnt es sich, dafür zu kämpfen und auch unangenehme Gefühle auszuhalten?

Wenn Sie zum Schluss kommen, dass es sich lohnt: Handeln Sie machtvoll, mit Kraft und Köpfchen.

10. Schritt: Nehmen Sie sich wichtig

 Seien Sie stolz auf Ihre Fähigkeit, vertrauens- volle Beziehungen zu pflegen, und trauen Sie sich, sich auf andere Menschen einzulassen, enge Beziehungen zu knüpfen und Zunei- gung zu verschenken. Doch verlieren Sie sich selbst nicht auf der Suche nach Zuneigung. Seien Sie acht- sam sich selbst gegenüber und haben Sie den Mut, Bezie- hungen so zu gestalten, wie es für Sie stimmt. Finden Sie eine Balance aus innigen Beziehungen einerseits und per- sönlicher Freiheit und Selbstbestimmung andererseits. Und trennen Sie sich konsequent von Menschen, die Ihnen schaden.

Handeln Sie machtvoll

Helen will das rücksichtslose Verhalten ihrer Nachbarin nicht länger tolerieren. Sie hat sich entschlossen, nach Fionas Rückkehr zu handeln und ihr zu sagen, dass sie für zukünftige »nachbarschaftliche Aufträge« nicht mehr zur Verfügung steht.

»Vor allem der Garten macht so viel Arbeit«, erklärt sie Angela, »das ist neben meinem eigenen Garten einfach zu viel.«

»Bravo, dass du das beenden willst«, bestärkt Angela Helen in ihrem Entschluss. »Ich weiß, wie wichtig es dir ist, ein gutes Einvernehmen mit deinen Nachbarn zu haben. Aber der Preis, den du dafür bezahlst, ist wirklich zu hoch.«

»Ja, da hast du Recht. Aber im Grunde geht es mir um etwas ganz anderes: Ich will mich einfach nicht mehr ausnutzen und schikanieren lassen. Ich will, dass die Menschen mich anständig und mit Wertschätzung behandeln.« Als sie das sagt, wird ihr Gesichtsausdruck entschlossen und ihre Stimme klingt kraftvoll und bestimmt. Mit Nachdruck sagt sie: »Ich habe die Nase gestrichen voll!«, und lässt sich die Worte auf der Zunge zergehen. »Fühlt sich das gut an«, denkt sie zufrieden. Dann sagt sie mit einem schelmischen Lächeln: »Und wenn ich schon dabei bin, sage ich Rainer auch gleich, dass ich das Jobangebot der Zahnklinik annehmen werde.«

Auch Michelle hat die Nase voll. Seit einiger Zeit ändert ihr Ex-Mann fast jedes Mal kurzfristig seine Pläne, wenn es um die Übergabe ihres gemeinsamen Sohnes geht. Er ruft sie dann an und fragt sie in süßlichem Ton, ob es nicht auch anders möglich wäre: zwei Stunden später, ein anderer Treffpunkt, sie soll Jan bringen, statt dass er ihn abholt, und so weiter. Michelle hat genug von Stefans Schikanen. Sie ist wütend und enttäuscht, dass er sich so wenig um seinen Sohn kümmert und sich auch nicht um ein kollegiales Auskommen mit ihr bemüht.

»Ich muss ihm klarmachen, dass er sich anders verhalten muss. Nur wie? Ich habe schon so vieles ausprobiert«, denkt sie genervt. »Okay, am Anfang habe ich mitgespielt, weil ich ein schlechtes Gewissen hatte. Ich dachte, ich müsse ihm entgegenkommen«, denkt sie zerknirscht. »Nach einiger Zeit habe ich jedoch versucht, ihm klarzumachen, dass er sein Verhalten ändern soll. Zuerst habe ich ihn höflich gebeten. Dann habe ich ihn etwas weniger höflich gebeten. Dann habe ich ihm gedroht. Nichts hat geholfen. Er sitzt meine Kritik einfach aus.«

Michelle hat den Mut schon fast verloren. Doch dann rafft sie sich auf und sagt laut zu sich selbst: »So kann es nicht weitergehen. Ich werde ihm zeigen: bis hierhin und nicht weiter.«

Für sich einstehen und sich durchsetzen bedeutet immer auch, dem anderen Grenzen zu setzen. Wer Grenzen setzt, bremst den anderen aus, bestimmt, wo es langgeht und wo nicht. Wer Grenzen setzt, nimmt sich selbst wichtig. Und übt Macht aus.

Macht! Dieses Wort hat für viele Frauen einen schlechten Klang. Sie erachten Macht als etwas Schädliches, ein Mittel, um andere zu unterdrücken und klein zu halten. Gleichzeitig sind sie sich jedoch ihrer Defizite auf diesem Gebiet sehr wohl bewusst. Viele Frauen werfen sich vor, dass ihr eigener Machtanspruch zu gering ist und sie selbst mehr Macht ausüben und sich stärker durchsetzen sollten. Ein Dilemma, mit dem viele Frauen kämpfen.

Viele Frauen lehnen Macht zwar ab, auf der anderen Seite möchten sie aber mehr Macht ausüben.

Frauen setzen Macht gleich mit Machtmissbrauch. Ein falscher Schluss, denn Macht an sich ist neutral. Erst durch die Art und Weise, wie wir sie gebrauchen, sind ihre Auswirkungen positiv oder zerstörerisch.

Wenn Sie Veränderung in Ihr Leben bringen möchten, werden Sie zwangsläufig damit konfrontiert, dass Menschen in Ihrem Umfeld Sie nicht unterstützen oder sich sogar offen gegen Ihre Pläne stellen. Mit anderen Worten: Es gibt andere Menschen, die ihre Macht einsetzen, um Sie an Ihren Plänen zu hindern. Was tun? Einfach nachgeben und die eigenen Träume begraben?

Wenn Sie Ihre eigenen Wünsche verwirklichen wollen, sind Sie gezwungen, Macht einzusetzen.

Indem wir lernen, konstruktiv mit Macht umzugehen und unsere Macht zu unserem eigenen Vorteil und zum Vorteil anderer zu nutzen, können wir für uns und andere größere Zufriedenheit schaffen.

Konstruktive und destruktive Macht

Wenn ich bei meinen Kundinnen das Thema »Macht« anspreche, winken sie ab. Ich bin immer wieder erstaunt, wie groß der Widerwille der Frauen gegen das Thema »Macht« ist. Und das selbst bei Frauen, die Top-Positionen besetzen und täglich ihre Frau stehen. Macht scheint für die meisten Frauen etwas durch und durch Männliches zu sein, mit dem sie sich nicht beschmutzen wollen. Verständlich, wenn wir daran denken, wie viel Schreckliches von mächtigen Männern angerichtet wurde und wie gerade wir Frauen unter der Herrschaft dieser Despoten leiden mussten und zum Teil immer noch müssen.

Der Gebrauch von Macht steht in unserem Empfinden in einem krassen Widerspruch zu einer modernen, gleichberechtigten Beziehung. Dabei übersehen wir, dass wir selbst auch Macht ausüben – und zwar konstruktive wie destruktive –, allerdings ohne uns dessen bewusst zu werden.

Wenn wir von »destruktiver weiblicher Macht« sprechen, meinen wir nicht Macht in Form von Zwang oder körperlicher Gewalt, sondern wir sprechen von einer subtilen, passiven Form von Macht, deren Instrumente in Beziehungen jedoch genauso schädlich sein können. Schweigen beispielsweise wird von Frauen häufig als Machtinstrument missbraucht. Wenn wir schweigen, verweigern wir uns, lassen den anderen auflaufen. Das Gleiche gilt, wenn wir beleidigt sind oder Dinge übel nehmen. Auch kleine, scherzhaft verpackte Sticheleien, zum Beispiel über das Gewicht der Freundin, sind eine subtile Anwendung von destruktiver Macht. Wenn wir in einer Auseinandersetzung zu weinen anfangen, ist der andere meist ohnmächtig und streicht die Segel. Auch eine Frau, die sich dem Mann sexuell grundsätzlich verweigert, übt Macht aus. Genauso wie eine Mutter, die verhindert, dass ihre Eltern die Enkel besuchen.

Solche Verhaltensweisen sind destruktiv und hindern andere bei ihrer Selbstentfaltung. Doch die Ausübung von Macht geht auch anders.

Wie weibliche Macht gelingt

Wir müssen lernen, diese konstruktive Macht vermehrt zu nutzen. Es ist unser Recht, für unsere Wünsche einzustehen und auf unsere Bedürfnisse zu pochen. Wir dürfen unsere Forderungen stellen und unsere Standpunkte vertreten. Und wir dürfen »Nein« sagen und Grenzen setzen.

Macht ist immer dann negativ, wenn sie einen der Beteiligten schädigt. Deshalb geht konstruktive Macht immer einher mit Verantwortung. Macht gelingt, wenn sie ausbalanciert ist, wenn wir also Macht ausüben und gleichzeitig Verantwortung für unser Tun übernehmen.

. . . .

Macht gelingt, wenn sie ausbalanciert wird mit
Achtsamkeit, Verantwortung und Respekt
für den anderen.

. . . .

Macht ist so verstanden etwas ganz anderes als Autorität, Hierarchie und Gepolter: Klare Kommunikation ist machtvoll. Indem wir verhandeln, statt einfach zu akzeptieren, handeln wir machtvoll. Wenn wir unseren Ärger benennen, statt ihn bloß in uns hineinzufressen, und wenn wir uns gegen Zumutungen wehren, handeln wir machtvoll. Wenn wir selbstbewusst auftreten, handeln wir machtvoll.

Der Wink mit dem Zaunpfahl

Wenn wir etwas wollen, müssen wir es sagen. Klingt banal, ist für viele Frauen jedoch alles andere als selbstverständlich. Denn wir erwarten häufig vom anderen, dass er dann schon weiß, was wir wollen. Doch so läuft es in der Regel nicht. Wenn wir nicht sagen, was wir brauchen, werden wir es mit großer Wahrscheinlichkeit auch nicht erhalten. Nicht weil die anderen bösen Willens sind oder es uns missgönnen, sondern ganz einfach weil sie keine Gedanken lesen können.

· ·

Menschen können keine Gedanken lesen.
Sagen Sie den Menschen in Ihrem Umfeld,
was Sie von ihnen brauchen.

· ·

Solange Michelle ihrem Ex-Mann nicht sagt, was sie stört und was sie von ihm erwartet, wird er sein Verhalten nicht ändern. Und solange Helen ihrem Mann nicht sagt, dass sie gerne wieder arbeiten möchte, wird er diese Option kaum von sich aus anbieten. Das gilt für fast alles im Leben: für eine Arbeit oder ein Projekt, das wir gerne übernehmen würden, für eine Lohnerhöhung, für einen Wunsch, den wir an unseren Partner, unsere Kinder oder eine Freundin richten. Nur wenn wir sagen, was wir uns wünschen, habe wir die Chance, es auch zu bekommen. Die Frage ist nur: Wie sage ich es?

Da Frauen offene Konflikte oder Forderungen gerne vermeiden, bevorzugen sie den indirekten Weg, um auf das aufmerksam zu machen, was sie möchten oder ihnen nicht passt. Sie versuchen es stattdessen mit vorsichtigem Taktieren, versteckter Kritik, leisen Vorwürfen und Winken mit dem Zaunpfahl. Sie versuchen, durch indirekte Anspielungen zum Ziel zu kommen, in der Absicht, den anderen nicht allzu sehr zu verletzen und selbst keinen Angriffspunkt zu bieten. Denn wer klipp und klar sagt, was er will und was nicht, fordert Widerspruch heraus – und riskiert einen Konflikt.

Statt ihre Botschaft in klare Worte zu fassen, legen Frauen den Vorwurf häufig in die Stimme, die je nachdem vorwurfsvoll, klein oder bedrückt klingt. Damit bringen sie dann etwas ganz anderes zum Ausdruck als das, was sie mit Worten sagen. So macht es auch Helen, die Fionas Bitte zwar zustimmt, jedoch begleitet von einem langen Seufzer und indem sie die Augen verdreht. Doch Fiona scheint dies nicht zu bemerken; Helen braucht also eine klarere Sprache, um ihr zu zeigen, dass sie nicht einverstanden ist.

. . . .

Vermeiden Sie indirekte Kommunikation.
Sagen Sie klar und deutlich, was Sie vom Gegenüber
erwarten.

. . . .

Hart in der Sache, weich in der Beziehung

Wenn Sie sich durchsetzen möchten, halten Sie sich am besten an das Harvard-Konzept: hart in der Sache, weich in der Beziehung. Was heißt das? Sie haben ein Anrecht auf Ihre Wünsche, Ihre Forderungen und Ihre Grenzen. Setzen Sie sich dafür ein, kämpfen Sie dafür, geben Sie sich zuweilen kompromisslos und bleiben Sie hart in der Sache. Verhalten Sie sich dabei aber freundlich und höflich gegenüber der betroffenen Person und wertschätzen Sie sie als Mensch. Das ist gemeint mit »weich in der Beziehung«. Damit Ihnen das gelingt, beachten Sie die folgenden Punkte:

- Schaffen Sie eine zweiseitige Kommunikation. Fragen Sie, hören Sie zu. Zeigen Sie, dass der andere Ihnen wichtig ist und dass Sie ihn als Mensch schätzen.

- Versuchen Sie, sich in den anderen hineinzuversetzen: Was ist dem anderen wichtig? Welche Interessen hat er? Wo drückt ihn der Schuh?

- Formulieren Sie Ihre eigenen Wünsche und Interessen klar und selbstbewusst.

- Überlegen Sie, welche Ihrer Interessen nicht verhandelbar sind und wo Sie gegebenenfalls zu Zugeständnissen bereit sind.

- Geben Sie nicht zu früh auf. Vertreten Sie Ihre Punkte höflich, aber mit Nachdruck. Sehen Sie es sportlich: Wer zuerst aufgibt, hat verloren!

- Überlegen Sie, welche Alternativen beiden Parteien Vorteile bringen, und schaffen Sie eine sogenannte »Win-Win-Situation«.

- Vermeiden Sie Demutsgesten, wie den Kopf schräg halten oder nichtsprachliche Signale wie Kopfnicken oder ein zustimmendes »Hmmm …« Diese führen zu einer einseitigen Machtverteilung im Gespräch.

Lieben Sie Ihren Mann?

»Weich in der Beziehung« meint aber nicht »weich in der Sprache«. Denn wenn Sie Ihren Standpunkt klar und mit Nachdruck vertreten wollen, müssen Sie auch eine klare, starke Sprache sprechen.

Weil wir uns vor der Konfrontation fürchten und uns beim anderen nicht unbeliebt machen möchten, sabotieren wir uns häufig selbst, indem wir eine »weiche« Sprache wählen. Das heißt, wir stellen unsere Forderungen nicht klar und unmissverständlich dar, sondern benutzen »Weichmacher«, die unsere Aussagen abschwächen.

Typische »Weichmacher«, die sich gerne in unsere Sprache einschleichen, sind Füllwörter wie »eigentlich«, »ein bisschen«, »irgendwie«, »vielleicht« und »ich denke«.

»Lieben Sie Ihren Mann?« – »Ja, eigentlich schon.« Dieses kleine Beispiel zeigt eindrücklich, was »Weichmacher« bewirken: Sie nehmen unserer Aussage das Gewicht und die Glaubwürdigkeit. Wenn Sie sich durchsetzen wollen, wenn Sie wollen, dass Ihre Botschaft unmissverständlich ankommt, vermeiden Sie solche »Weichmacher«.

· ·

Verzichten Sie auf sprachliche »Weichmacher« wie
»eigentlich«, »ein bisschen«, »irgendwie«.
Sprechen Sie stattdessen klar und selbstbewusst.

· ·

Was klingt stärker? Wenn Michelle zu Stefan sagt: »Ich wäre froh, wenn du Jan morgen um zehn Uhr abholen könntest«? Oder wenn sie sagt: »Bitte hol Jan morgen um zehn Uhr ab«?

Die inhaltliche Aussage ist die gleiche; die unterschiedliche Formulierung macht jedoch aus der gleichen Botschaft
zwei völlig unterschiedliche Aussagen. Es gilt: Je kürzer und
präziser die Aussage, desto bestimmter und machtvoller wirkt
sie.

Erleben Sie, dass Ihre Worte Kraft haben

Immer dort, wo andere unsere Grenzen verletzen und unsere
Integrität gefährden, ist es angemessen, deutlich und machtvoll
zu zeigen: »bis hierhin und nicht weiter«. Eine Aufforderung,
mit der sich Frauen generell schwertun. Und das umso mehr, je
enger die Beziehungen sind. Dem Lebenspartner oder der besten Freundin die Grenzen aufzuzeigen ist schwieriger als gegenüber der Kassierin im Supermarkt. Bei einem oder einer Nahe-
stehenden erscheint es uns fast als unmöglich, ehrlich unsere
Meinung zu sagen oder Dinge anzusprechen, die wir nicht in
Ordnung finden.

Und das ist schade. Denn wenn der andere nie Widerstand
spürt, wenn wir ihm nie Grenzen aufzeigen, wenn wir ihm nie
zeigen, wie wir es wollen, woher soll er da wissen, dass wir mit
seinem Verhalten nicht einverstanden sind?

Mit unserer Zurückhaltung nehmen wir dem anderen die
Chance, sich zu verbessern und zu verändern. Und haben selbst
nie die Möglichkeit, zu erkennen, dass der andere sich ehrlich
bemüht. Dass er ebenfalls an einem guten Miteinander interessiert ist und auch einmal etwas uns zuliebe macht. Dass er sich
sogar ändern kann. Und wir erleben nie, dass der andere auf uns
hört und dass unsere Worte die Kraft haben, Dinge zu verändern. Stattdessen vergraben wir uns in unseren Fantasien über

den anderen und unterstellen ihm niedrige Beweggründe und schlechte Absichten.

Ein offenes Gespräch würde unseren negativen Fantasien schnell und nachhaltig den Garaus machen. Aber wir schweigen. Und leiden weiter.

Geben Sie den Menschen in Ihrem Umfeld die Chance, Ihre Wünsche zu respektieren.

Bei einer Untersuchung zum Thema »Konfliktmanagement« kam Verblüffendes an den Tag. Auf die Frage, ob sie bereit wären, einen Konflikt gütlich zu lösen, antwortete eine große Mehrheit mit »Ja«. Im Gegensatz dazu war nur ein kleiner Teil der Befragten überzeugt, dass auch die Gegenpartei den Konflikt lösen wolle. Dieses Ergebnis ist bezeichnend für Konflikte. Während wir uns selbst in der Rolle der »Guten« sehen, die an einer Konfliktlösung interessiert sind, unterstellen wir den anderen, zu den »Bösen« zu gehören, die lieber weiterhin in Unfrieden leben, als eine Auseinandersetzung beizulegen.

Das ist eine typische Wahrnehmungsverzerrung, wie sie in Spannungssituationen auftritt. Sie hat mit der Realität jedoch wenig zu tun. Klar, wenn wir uns im Vorabendprogramm des Privatfernsehens die Dokusoaps anschauen, wird da jeden Abend so heftig gezetert, geschrien und geschimpft, dass leicht der Eindruck entsteht, dass die Menschen Streit und Kampf lieben. Dem ist jedoch nicht so. In der Realität sind die meisten Menschen an einem friedlichen Miteinander interessiert und deshalb auch bereit, auf die Wünsche und Bedürfnisse anderer einzugehen. Darauf sollten Sie vertrauen.

Ich verhandle – weil ich es mir wert bin

Es ist Samstagmorgen und Michelle ist gerade dabei, Jans Tasche für das Wochenende mit seinem Vater zu packen. Ihr Sohn freut sich schon seit Tagen darauf, denn Stefan hat für Samstagnachmittag den Besuch in einem Erlebnispark in Aussicht gestellt.

Eine halbe Stunde vor dem Treffen läutet das Telefon. »Hallo Michelle«, sagt Stefan etwas außer Atem, »ich bin jetzt in der Innenstadt und treffe mich noch mit einem Kunden. Ich habe etwa eine halbe Stunde lang einen Parkplatz gesucht, jetzt bin ich zu spät dran. Ich kann dir noch nicht genau sagen, wie lange es dauert. Ich melde mich, sobald das Treffen vorbei ist.« Und noch bevor Michelle etwas erwidern kann, hat er aufgelegt.

Als Stefan endlich bei Michelle auftaucht, lässt der Streit nicht lange auf sich warten: »Du hältst dich nie an unsere Abmachungen. Deine Kunden sind dir anscheinend wichtiger als dein Sohn!«, wirft Michelle ihm vor.

»Das stimmt nicht. Jan ist mir wichtig. Aber du weißt genau, dass in meinem Job auch einmal etwas dazwischenkommen kann«, verteidigt sich Stefan. »Ich kann meine Termine nicht immer so früh festlegen. Es gehört einfach dazu, dass ich kurzfristig verfügbar bin – auch am Samstag.«

»Und was ist mit dem Erlebnispark? Für heute ist es doch zu spät.« Michelle ist jetzt so richtig in Fahrt und ihre Stimme wird immer lauter. »Ich verstehe dich wirklich nicht. Du bist Jans Vater. Es ist deine Pflicht, für ihn da zu sein, und da musst du dich auch an unsere Abmachungen halten.«

»Jetzt mach doch aus einer Mücke keinen Elefanten«, entgegnet Stefan genervt. »Ist es wirklich zu viel verlangt, dass ihr euch ein bisschen an meine Termine anpasst? Der Erlebnispark läuft schon nicht weg, dann gehen wir halt in zwei Wochen hin.«

Was kann Michelle tun, um ihren Ex-Mann zu einem besseren Miteinander zu bewegen? Es bringt ihr wenig, wenn sie sich vor ihn hinstellt, mit dem Fuß stampft und sagt: »Ich will es so!« Ganz in Gegenteil: Druck erzeugt Gegendruck und ein solches Auftreten würde Stefan wahrscheinlich nur dazu bringen, sich noch weniger kooperativ zu zeigen.

Sie kann ihn auch bitten, ihr entgegenzukommen. Viele Frauen wählen diese Strategie und auch Michelle hat es bereits auf diese Weise probiert. Das Problem beim Bitten ist jedoch, dass es dann am anderen liegt, ob er unsere Bitte erfüllt oder nicht. Und Stefan hat dies bislang nicht getan.

· ·

Wenn Ihnen etwas sehr wichtig ist, sollten Sie nicht darum bitten – Sie sollten es verhandeln.

· ·

Viele Frauen haben Mühe zu verhandeln. Eine Verhandlung ist etwas Ähnliches wie ein Wettbewerb um die Verteilung von Ressourcen – und Frauen konkurrieren ungern. Als Frauen im Rahmen einer Studie befragt wurden, welche Situation für sie gefühlsmäßig mit einer Verhandlungssituation vergleichbar ist, war die meistgenannte Antwort: ein Zahnarztbesuch. Frauen empfinden eine Verhandlungssituation also in etwa so unangenehm wie den Besuch beim Zahnarzt.

Interessant ist allerdings, dass Frauen Verhandlungen vor allem dann scheuen, wenn sie etwas für sich selbst einfordern müssen. Wenn sie beispielsweise für ihre Teams etwas finanziell herausholen wollen, sind sie genauso geschickt oder sogar noch geschickter als Männer. Es geht also nicht ums Verhandeln an sich, sondern darum, dass wir etwas für uns selbst rausschlagen wollen.

Ich hoffe, Sie haben im Verlauf des Buches gelernt, dass Sie alles Recht der Welt haben, sich für Ihre Wünsche einzusetzen. Und clevere Verhandlungen sind ein wunderbares Instrument, um seine Bedürfnisse durchzusetzen. Denn beim Verhandeln gibt es keine Verlierer, sondern nur Gewinner. Dabei geht es nicht darum, den anderen in die Knie zu zwingen oder ihn übers Ohr zu hauen, sondern darum, gemeinsam eine Lösung zu finden, die für beide ein Gewinn ist.

Zählen auch Sie zu den Gewinnerinnen, indem Sie für sich und Ihre Wünsche eintreten – und verhandeln! Zeigen Sie sich dabei selbstbewusst und zielsicher. Zeigen Sie Ihrem Gesprächspartner, dass Sie eine kluge, geistreiche und selbstsichere Frau sind, die für Ihre Wünsche einsteht.

. . . .

Wenn beide Parteien gut verhandeln, gibt es nur Gewinner.

. . . .

Vielleicht haben Sie Lust auf einen stärkenden Glaubenssatz zum Thema? In der Werbung gibt es den Spruch: »Weil ich es mir wert bin.« Es sei dahingestellt, wie gut er zu Kosmetikprodukten passt, aber in unserem Zusammenhang passt er ausgezeichnet: »Ich verhandle – weil ich es mir wert bin.«

In vielen Fällen bestimmen wir durch unser eigenes Verhalten, auf welche Stufe wir uns stellen: auf eine gleichberechtigte oder eine untergeordnete. Wenn eine Frau um eine Lohnerhöhung bittet und es danach dem Chef überlässt, ob er diese gewährt, begibt sie sich in die Rolle der Bittstellerin. Wenn sie jedoch ihre Interessen klar aufzeigt und in eine Verhandlung eintritt, zeigt sie sich gegenüber ihrem Vorgesetzten als gleichberechtigte Partnerin. Dann findet eine Verhandlung auf

Augenhöhe statt und ihre Erfolgschancen im Gespräch steigen deutlich.

Das Geheimnis guter Verhandlungen

Das Geheimnis guter Verhandlungen lautet: weg von Standpunkten, hin zu Interessen. Doch was heißt das? Unser Standpunkt ist das, was wir nach außen vertreten.

- Michelles Standpunkt lautet: Stefan ist der Vater, also muss er zuverlässig sein und sich an Abmachungen halten.
- Stefans Standpunkt lautet: Ich kann meine Kundentermine nicht so früh festlegen. Michelle und Jan müssen sich meiner Agenda anpassen.

Wenn nun beide darüber streiten, welcher Standpunkt der richtige ist, werden sie keine Lösung finden. Denn diese Standpunkte sind nicht miteinander vereinbar.

Um dennoch eine Lösung zu finden, die für beide akzeptabel ist, müssen sie hinter die Standpunkte blicken und über ihre Interessen sprechen. Interessen sind das »Warum«, also die Beweggründe, welche zu einem bestimmten Standpunkt führen. Sie sind die Ursachen der Standpunkte. Dies sind unter anderem Bedürfnisse, Wünsche, Ängste, Wertvorstellungen, persönliche Überzeugungen oder Erfahrungen.

- Michelles Interessen sind: Jan hat einen liebenden Vater, der sich kümmert. Ich fühle mich wertgeschätzt.
- Stefans Interessen könnten sein: Beruflicher Erfolg. Keine Einschränkung der beruflichen Arbeit durch private Termine unter der Woche, inklusive Samstag.

Dabei geht es nicht darum, zu bewerten, welche Interessen »richtig« sind und welche »falsch«. Es geht einzig und allein darum, eine Lösung zu finden, welche die Interessen beider abdeckt. Was könnte das sein?

· ·

Statt auf dem eigenen Standpunkt zu beharren,
sollten Sie die Interessen der Beteiligten erkunden und eine
Lösung suchen,
welche die Interessen aller Beteiligten berücksichtigt.

· ·

Michelle und Stefan können sich beispielsweise darauf einigen, dass Jan und sein Vater sich jeweils am Sonntag sehen. Da es sich dabei nur um einen Tag handelt und nicht wie bisher um zwei Tage alle zwei Wochen, besucht Jan seinen Vater jeden Sonntag. So hat Stefan ein enges Verhältnis zu seinem Sohn (Michelles Interesse) und verpasst gleichzeitig keinen geschäftlichen Termin (Stefans Interesse). Die konkreten Zeiten werden im Voraus festgelegt und Stefan hält sich daran (Michelles Interesse). So wird Stefans beruflicher Erfolg nicht durch Privates gefährdet (Stefans Interesse).

Natürlich haben wir keine Gewähr, dass es in jedem Fall klappt. Aber indem wir die Interessen erkunden und für beide Seiten akzeptable Lösungen suchen, haben wir den größtmöglichen Spielraum genutzt und unsere Chancen auf Erfolg maximiert.

Und selbst wenn wir keinen oder nur einen kleinen Erfolg erzielen: Wir sind nicht nur als Bittstellerin aufgetreten, sondern haben unserem Gesprächspartner gezeigt, dass wir präsent sind und er mit uns rechnen muss.

Sauer macht lustig

Einige Tage nach Fionas Rückkehr aus Kalifornien treffen sich die beiden Frauen im Garten. Fiona, gut gelaunt und braun gebrannt, erzählt Helen begeistert von ihren Ferien: »Es war herrlich. Der ›Californian Way of Life‹ ist faszinierend. Nichts als Sonne, Wind und Meer. Was willst du mehr?« Plötzlich besinnt sie sich darauf, dass Helen in der Zwischenzeit ihren Garten gepflegt hat. »Und was war hier so los? Alles in Ordnung, als wir weg waren?«

»Von einem herzlichen Dankeschön keine Spur«, denkt Helen grimmig und fühlt sich in ihrer Entscheidung umso mehr bestätigt. »Bring es hinter dich«, flüstert ihr eine kleine Stimme ins Ohr.

Sie nimmt allen Mut zusammen. »Du hast mir vor eurer Abreise doch einen Zettel gegeben mit den Daten, wann ihr in Urlaub seid. Ich habe mir die Liste nochmals im Detail angeschaut. Es sind insgesamt elf Wochen.«

Fiona zuckt gleichgültig mit den Schultern, als ob sie sagen will: Na und?

»Ich finde es ziemlich anmaßend, dass du mir so viel Arbeit zumutest.«

Helens Nachbarin gibt sich erstaunt und meint: »Aber das war doch nur eine Bitte. Dass du darauf gleich so beleidigt reagierst, konnte ich ja nicht wissen.«

Helens Magen zieht sich zusammen. »Habe ich einen Fehler gemacht? Bin ich zu empfindlich?«, denkt sie verunsichert. Doch dann gewinnt ihr Selbsterhaltungstrieb. So ruhig wie möglich sagt sie: »Ich bin nicht beleidigt. Aber dass du erwartest, dass wir unseren Urlaub um eure Ferien herum planen, ist, so finde ich, ein starkes Stück. Außerdem habe ich keine Zeit, mich so häufig um euer Haus zu kümmern. Du musst jemand anderen fragen.« So, jetzt ist es raus.

Fiona stutzt. Das hat sie nicht erwartet. »Was meinst du damit? Kannst du wenigstens an einigen Terminen? Welche Daten würden dir denn passen?«

Mit dieser Frage hat Helen gerechnet. Sie ist gewappnet. »Ich stehe an keinem der Termine zur Verfügung. Bitte frag jemand anderen.« Und mit diesen Worten dreht sie sich um und geht ins Haus.

Frauen sollten viel öfter den Mund aufmachen und sagen, was sie wollen. Seien Sie frech. Und seien Sie sauer, wenn Sie Grund dazu haben. Frech sein bedeutet keineswegs, alles auszuleben, wie es einem gefällt. Wer seinem Ärger mit Herumschreien Luft macht, kommt damit nicht gut an. Deswegen muss man seine Wut jedoch noch lange nicht herunterschlucken.

Wie häufig passiert es Ihnen, dass Sie sich im Geschäft ärgern, Ihrem Frust aber erst zu Hause Luft machen? Dass Sie Ihren Mann anschnauzen, obwohl Sie doch eigentlich sauer auf Ihren Kollegen sind? Dass Sie nachts wach liegen und eine Situation immer und immer wieder im Kopf durchspielen – und tagsüber trotzdem gute Miene zum bösen Spiel machen?

. . . .

Hören Sie auf, sich im Stillen zu ärgern.
Laden Sie Ihren Ärger bei dem ab, der ihn verursacht.

. . . .

Es ist so einfach, jemandem eine Gemeinheit an den Kopf zu werfen. Gewisse Leute tun es dauernd. Es ist eine clevere Strategie, denn meistens sind die Betroffenen so perplex, dass sie gar nicht wissen, wie sie auf den Angriff reagieren sollen. Und so kommen die Verursacher ungeschoren davon.

Lassen Sie das nicht zu. Lassen Sie den anderen nicht mit einer lässigen hingeworfenen Bemerkung, die auf Ihre Kosten geht, davonkommen. Konfrontieren Sie ihn mit seiner Aussage. Nur so muss er Verantwortung übernehmen für das, was er sagt. Helen macht das sehr schön. Obwohl es sie viel Mut kostet und ihr unangenehm ist, spricht sie ihre Nachbarin auf deren Verhalten an und sagt ihr klar und bestimmt, was sie stört und wie sie es in Zukunft handhaben will.

Keine Angst vor Killerphrasen

Reagieren Sie auf verdeckte Anspielungen, Gemeinheiten und Vorwürfe mit einer Frage:

- Was meinst du damit?
- Wie muss ich das verstehen?
- Warum sagst du das?
- Wie kommst du darauf?
- Wieso bist du dieser Meinung?

So wird die Person gezwungen, sich mit ihrer Aussage auseinanderzusetzen. Sie muss Verantwortung für das übernehmen, was sie sagt.

· ·

Nehmen Sie den anderen in die Pflicht.
Sprechen Sie ihn direkt auf die übergriffige Aussage an.

· ·

Viele Leute haben das Gefühl, sie müssten schlagfertiger sein und einen Angriff sofort mit einem originellen Spruch kontern.

Leider gelingt dies nur den wenigsten. Und das ist vielleicht ganz gut so. Denn im Affekt sagen wir häufig unüberlegte Dinge, die uns nachher leidtun und den anderen in seiner Position stärken. Viel besser, Sie denken zuerst über eine kluge Reaktion nach und konfrontieren den anderen dann mit seiner Aussage.

Und scheuen Sie sich nicht davor, emotional zu sein. Ihre Emotionen sind eine kostbare Ressource, die Sie nutzen sollten. Rufen Sie sich nochmals Ihre neue, bestärkende Überzeugung in Erinnerung: »Meine Emotionen begeistern.«

Not Everybody's Darling

Helen hat gehandelt – trotz ihrer Angst, die Nachbarin zu verärgern und schlechte Stimmung zu riskieren. Wenn wir machtvoll handeln, besteht immer die Gefahr, dass wir jemandem auf die Zehen treten. Es gibt den Ausspruch: Du kannst den Pelz nicht waschen, ohne ihn nass zu machen. Das gilt auch hier: Wer seine eigenen Bedürfnisse und Interessen verfolgt, wer anderen Grenzen setzt und sie in ihre Schranken weist, macht sich gelegentlich Feinde.

Wir müssen lernen, auch einmal anzuecken. Widerstehen Sie dem Drang, das nette Mädchen zu geben, das lächelnd nickt, auch wenn es innerlich kocht. Wir müssen lernen, uns Gehör zu verschaffen, unsere Meinung klar darzulegen und unliebsame Wahrheiten auszusprechen – auch wenn es für uns selbst und für die anderen Beteiligten unangenehm oder gar schmerzhaft ist. Das Gefühl, die anderen vor den Kopf zu stoßen oder sie gar zu enttäuschen, verursacht einen enormen inneren Druck. Diesen Druck müssen Sie aushalten, wenn Sie Ihren Weg gehen wollen.

Versuchen Sie nicht, Everybody's Darling zu sein. Bleiben Sie bei Ihrer Linie, machen Sie keine Kompromisse, hinter denen Sie nicht stehen können. Wer allen gefallen will, wird zwangsläufig scheitern. Denn wer alles für alle sein will, ist für niemanden das Richtige. Und verliert an Authentizität und Ausstrahlung.

11. Schritt: Setzen Sie sich durch

 Nutzen Sie Ihre konstruktive Macht. Sagen Sie klipp und klar, was Sie wollen; wehren Sie sich gegen Zumutungen und Übergriffe, benennen Sie Ihren Ärger und laden Sie ihn bei dem ab, der ihn verursacht hat. Machen Sie sich zur Gewinnerin, indem Sie verhandeln, statt einfach nur zu bitten und zu hoffen. Und seien Sie authentisch und zeigen Sie Profil – auch wenn Sie gelegentlich damit anecken. Das Glück gehört jenen, die sich auf sich selbst besinnen und den Mut haben, ihr Leben zu leben.

Gönnen Sie sich Mitgefühl

Seit Michelles Scheidungsparty sind sechs Monate vergangen. Das wollen die vier Freundinnen feiern. Sie treffen sich zu einem üppigen Festmahl in Ellis Wohnung, um sich an dieses Ereignis mit einem genussvollen Essen zu erinnern.

Das Festmahl ist schon eine Weile im Gange. Die Frauen sitzen um den runden, schwarzen Holztisch, den Blickfang in Ellis gestylter Wohnküche. Darauf stehen ein großer silberner Kerzenständer und daneben zwei offene Weinflaschen, ein Chardonnay und ein Rioja, und mindestens ein halbes Dutzend unterschiedlich volle Gläser. Alle haben etwas mitgebracht: Michelle einen raffinierten Artischocken-Dip, Helen ihren berühmten Kartoffel-Kürbis-Gratin, Angela eine Mousse au Chocolat. Und Elli hat das Bratenrezept ihrer Großmutter ausprobiert. Es liegt ein wunderbarer Duft nach Knoblauch und Thymian in der Luft.

»Schon verrückt, was wir im letzten halben Jahr gemeinsam erlebt haben«, sagt Elli und schiebt sich eine Gabel voll Braten in den Mund. »Was ist für euch denn das Highlight der letzten sechs Monate?«

»Ich habe mit Stefan eine gute Lösung gefunden für die Wochenenden mit Jan«, sagt Michelle zufrieden. »Die beiden sehen sich jetzt jeden Sonntag. Und Stefan hält sich auch an die Abmachungen. Zumindest bisher.«

»Ich habe gemerkt, dass ich auch attraktiv bin, wenn ich nicht so schlank und athletisch bin wie unsere Sportskanone hier«, erklärt Angela und stupft Elli sanft in die Seite.

Diese wiederum meint: »Und ich habe mich getraut, bei unrentablen Aufträgen auch einmal ›Nein‹ zu sagen. Und wisst ihr was? Seither läuft mein Geschäft noch besser!«

»Na, dann hat sich dein Mut ja gelohnt«, sagt Michelle anerkennend. Und zu Helen gerichtet: »Und was ist dein Highlight der letzten Monate?«

»Nichts Besonderes, wirklich. Ich arbeite seit zwei Monaten wieder in der Zahnklinik …«

»Und das, obwohl du es dir am Anfang gar nicht zugetraut hast?«, fragt Angela lobend.

Helen errötet, teils wegen des Lobes, teils aber auch, weil es ihr peinlich ist, dass sie wegen des Jobangebots ein solches Tamtam gemacht hat. Sie wiegelt schnell ab und meint: »Ach, das war am Schluss gar keine so große Sache. Ich dachte ja, Rainer ist dagegen. Aber als ich ihm dann erklärt habe, wie wichtig mir das ist, war er leicht zu überzeugen.« Sie lächelt Angela dankbar an und fügt hinzu: »Und du hast mich dabei auch wunderbar unterstützt.«

»Das war doch ganz selbstverständlich. Nicht der Rede wert«, meint Angela bescheiden.

»Das finde ich nicht«, entgegnet Helen. »Ich glaube nicht, dass ich ohne dich den Mut gehabt hätte, das Angebot tatsächlich anzunehmen.«

»Wir sind eben ein tolles Team«, wirft Elli ein, »und haben gemeinsam so einiges mit Bravour gemeistert. Darauf sollten wir anstoßen.«

»Ja«, sagen alle im Chor und heben ihre Gläser, »darauf trinken wir.« Sie lassen die Gläser klirren.

»Aber eines haben wir vergessen«, ruft Michelle plötzlich.

»Ja, was denn? Ich glaube nicht, dass da noch etwas rein-passt«, sagt Angela lachend und zeigt auf ihren Bauch. Sie hat sich entspannt nach hinten gelehnt und den obersten Hosen-knopf geöffnet.

»Nicht Essen. Hygiene. Psychohygiene.«

»Was meinst du denn damit?«, fragt Helen.

»Na, dass wir auch etwas netter mit uns selbst sind. Wir haben uns zwar gegenseitig unterstützt, jede von uns ist im letzten halben Jahr aber recht unbarmherzig mit sich selbst ins Gericht ge-gangen.«

»Ja, da hast du wohl Recht«, meint Angela und denkt an die Nacht, wo sie sich im Spiegel betrachtet und geradezu gehasst hat. »Wir sind überkritisch, was uns selbst angeht.«

Michelle und Angela haben Recht. Niemanden behandeln wir so schlecht wie uns selbst. So unerbittlich, fordernd, kritisch, beleidigend, herabsetzend. Während wir für andere meist ein lobendes oder aufmunterndes Wort parat haben, sind wir uns selbst gegenüber kritisch und unbarmherzig.

Während wir der Arbeitskollegin Mut machen, wenn sie we-gen einer verpatzten Präsentation frustriert ist, schelten wir uns in der gleichen Situation selbst und werfen uns vor, dumm und unfähig zu sein. Und wenn sich unsere Freundin bei uns aus-weint, weil ihre neue Flamme sie nicht anruft, nehmen wir sie tröstend in den Arm. Vergisst unser Partner jedoch den Ken-nenlerntag, und wir sind enttäuscht, kanzeln wir uns ab mit »Tu nicht so empfindlich, das ist doch nicht schlimm!«

»Selbstmitgefühl« fällt uns deshalb so schwer, weil wir uns darauf konzentrieren, was andere von uns denken. Wenn wir glauben, in den Augen anderer nicht bestehen zu können, ent-stehen Schamgefühle. Diese nähren wiederum die Selbstkritik.

Während wir mit allen anderen empathisch und nachsichtig sind, strafen wir uns selbst mit Härte und Unverständnis. Damit ist jetzt Schluss!

. . . .

Niemand behandeln wir so schlecht und mit niemandem sind wir so kritisch und hart wie mit uns selbst.

. . . .

Selbstmitgefühl und Selbstnachsicht sind wesentliche Voraussetzungen für ein stabiles Selbstwertgefühl. Wenn Sie auf Ihre Gefühle achten und spüren, wie es Ihnen wirklich geht, erhalten Sie ein besseres Verständnis für Ihre Situation und Ihr Handeln. Wenn Sie mit sich selbst nachsichtig sind und Sie auch Ihre Schattenseiten als Teil Ihrer Persönlichkeit annehmen, sind Sie weniger anfällig für Selbstzweifel und Ängste.

Dabei ist Selbstmitgefühl kein Selbstmitleid. Wenn wir uns selbst bemitleiden, sind wir Opfer, die passiv auf eine Verbesserung warten. Im Gegensatz dazu ist Selbstmitgefühl ein aktiver Prozess. Wir setzen uns mit unserer Situation auseinander und suchen konstruktiv nach Lösungen.

Was können wir tun, um empathischer, achtsamer und wertschätzender mit uns selbst zu sein? Es geht nicht darum, jeden Tag mit einem Lächeln und einem aufmunternden Spruch zu beginnen. Und auch nicht darum, passiv auf dem Sofa zu sitzen und sich selbst zu bemitleiden. Es geht vielmehr darum, dass wir lernen, uns selbst die Wertschätzung und Unterstützung zu geben, die wir verdienen.

Sprechen Sie liebevoll mit sich

Haben Sie es verdient, dass jemand sie laufend abkanzelt und für Kleinigkeiten kritisiert? Dass er Sie beschimpft, verhöhnt und Ihnen das Gefühl gibt, klein, dumm, hässlich und unbedeutend zu sein? Oder haben Sie es verdient, dass man wertschätzend mit Ihnen spricht, dass man Ihnen Mut macht, Sie für Erfolge lobt und bei Misserfolgen tröstet?

Die Entscheidung liegt bei Ihnen. Sie haben es in der Hand. Sie können entscheiden, welche Variante Sie wählen. Denn die Stimme, von der hier die Rede ist, ist Ihre eigene.

Viele Frauen haben eine schlechte Meinung von sich – und halten mit ihrer Meinung auch nicht hinter dem Berg. Sie fügen sich damit großen Schaden zu. Denn kritische, abwertende Gedanken und Selbstgespräche haben einen großen Einfluss darauf, wie stark und selbstsicher wir uns fühlen. Führen wir häufig negative Selbstgespräche, dann fühlen wir uns mehr und mehr wertlos – und untergraben unser Selbstwertgefühl.

So, wie wir mit uns sprechen, so fühlen wir uns auch: Wenn wir uns selbst kritisieren, fühlen wir uns klein und minderwertig; wenn wir uns dagegen aufmuntern und loben, fühlen wir uns stark und wertvoll.

. . . .

Ersetzen Sie Ihre abwertende innere Stimme durch eine wertschätzende. Dann kommen Sie Ihrer persönlichen Zufriedenheit einen großen Schritt näher.

. . . .

Damit wir die Art, wie wir mit uns selbst sprechen, ändern können, müssen wir uns selbst besser zuhören. Belauschen Sie Ihre Selbstgespräche. Hören Sie sich zu, wenn Sie mit sich sprechen:

- Wie spreche ich mit mir?
- Welche Wörter benutze ich?
- Welchen Tonfall schlage ich dabei ein?
- Bei welchen Themen bin ich mir selbst gegenüber besonders kritisch?

Wenn Sie bemerken, dass Sie sich selbst abwerten, wechseln Sie sofort in eine liebevolle, wertschätzende Tonart. Statt zu sagen: »Das kann ja wieder nur mir passieren!«, sagen Sie: »Dumm, dass mir das passiert ist, aber das hätte jedem anderen genauso gut passieren können.« Und statt zu denken: »Was bin ich für ein Trampel! Das hat sicher jeder gesehen«, nachdem Sie ein Weinglas umgestoßen haben, denken Sie: »Das ist nicht so schlimm. Wahrscheinlich hat das gar niemand bemerkt.« Und in den meisten Fällen liegen Sie mit diesem Gedanken absolut richtig. Denn die meisten Menschen sind so sehr auf sich selbst konzentriert, dass sie kaum wahrnehmen, was die anderen machen.

Hören Sie auf, zu müssen

Wenn Sie sich selbst aufmerksam zuhören, werden Sie nicht nur Stimmen wahrnehmen, die Sie kritisieren und erniedrigen, sondern auch Stimmen, die Sie unentwegt antreiben. Eine besonders laute Stimme benutzt die Formulierung: »Ich muss ...«

Ich muss diese Aufgabe abschließen. Ich muss morgen einen Vortrag mit Präsentation halten. Ich muss meine Mutter zum Arzt fahren. Ich muss heute Abend auf eine Party. Ich muss mit meiner Tochter zu einem Kindergeburtstag. Ich muss zum Einkaufen fahren, bevor die Läden schließen, etc. Unser Leben besteht aus einem einzigen großen »Ich muss …«

Dabei benutzen wir die Formulierung nicht nur, wenn es sich um lästige Dinge handelt wie den Einkauf vor Ladenschluss, sondern auch dann, wenn es sich im Grunde um erfreuliche Aktivitäten handelt. Wie am Abend zu einer Party gehen oder die Tochter zu einem Kindergeburtstag begleiten.

Machen Sie es sich zur Gewohnheit, immer dann, wenn Sie sich dabei ertappen, wie Sie »Ich muss …« denken oder sagen, eine andere Formulierung zu wählen. Statt »Ich muss zum Einkaufen, bevor die Läden schließen«, sagen Sie sich: »Vor Ladenschluss gehe ich einkaufen.« Und statt »Ich muss heute Abend auf eine Party«, denken Sie: »Ich darf heute Abend auf eine Party.« Oder, neutraler ausgedrückt: »Ich bin zu einer Party eingeladen« oder »Ich gehe heute Abend auf eine Party.«

Sprache schafft Wirklichkeit. Verändern Sie Ihre Sprache, und Sie verändern Ihr Leben.

· ·

Probieren Sie aus, wie viel leichter und glücklicher Ihr Leben ist, wenn Sie die Last, ständig etwas zu müssen, abgelegt haben.

· ·

Auch wenn wir mit den – tatsächlichen oder vermeintlichen – Wünschen anderer konfrontiert sind, empfinden wir das oft als ein »Müssen«: »Es tut mir leid, dass ich nicht zu deiner Party kommen kann. Aber ich muss heute Abend länger arbeiten, da mein Chef morgen für drei Wochen in die Ferien fährt.«

Der Ausdruck »ich muss« suggeriert, dass es keinen Ausweg gibt. Damit entlastet er uns, denn wir haben ja keine Wahl. Wir »müssen«. Nur: Wer zwingt uns dazu? Unser Chef? Unser Pflichtbewusstsein? Doch viel eher das nette Mädchen in uns, das sich nicht getraut, zu seinen Bedürfnissen zu stehen.

Seien Sie ehrlich zu sich selbst und ergründen Sie, warum etwas für Sie ein »Müssen« ist. Kann ich tatsächlich nicht anders? Drohen mir echte Konsequenzen, wenn ich früher heimgehe, als mein Chef das vielleicht gerne hätte? Ist der späte Feierabend eher eine Ausrede, da ich keine Lust auf Party habe, das jedoch nicht so sagen will? Oder habe ich das Ganze sogar erfunden, da ich eine Ausrede brauche?

Es ist ihr gutes Recht, keine Lust auf Party zu haben. Falls Sie also, aus welchen Gründen auch immer, nicht hingehen wollen, sagen Sie ab. Und stehen Sie dazu, dass Ihnen nicht nach Party zumute ist. Wählen Sie eine transparente Sprache. Das sind Sie sich selbst und der anderen Person schuldig. Verstecken Sie sich nicht hinter einer Ausrede, sondern stehen Sie zu sich und Ihren Bedürfnissen und formulieren Sie diese auch entsprechend. Seien Sie ehrlich, aber rücksichtsvoll: »Vielen Dank für deine Einladung. Momentan ist mir das allerdings zu viel, deshalb möchte ich heute Abend zu Hause bleiben.«

. . . .

Verzichten Sie auf die Formulierung »Ich muss ... «.
Machen Sie sich bewusst, was Sie wollen,
und sagen Sie es entsprechend.

. . . .

Wechseln Sie die Perspektive

»Waren wir schon immer so?«, fragt Elli nachdenklich in die Runde. »Dass wir unsere kleinen Missgeschicke und Fehler so wichtig genommen haben und uns dafür die Schuld gegeben haben?«

»Ich glaube schon. Ich erinnere mich daran, wie ich als Kind meinem Plüschhasen das Fell ganz kurz geschoren habe. Der sah danach ziemlich zerzaust aus. Warum ich das gemacht habe, weiß ich heute nicht mehr. Woran ich mich aber noch gut erinnern kann, ist das schreckliche Gefühl, dass ich danach hatte. Ich habe mir schlimme Vorwürfe gemacht, weil ich den armen Hasen so verunstaltet habe«, erzählt Michelle. »Heute kann ich darüber lachen. Aber damals dachte ich, ich würde nie mehr froh in meinem Leben.«

Sicher haben Sie solche Momente in Ihrer Kindheit auch erlebt – und können heute herzhaft darüber lachen. Denn sie wissen: Es ist eine Bagatelle, ohne irgendeine Relevanz für das weitere Leben. Heute wissen Sie das. Aber damals?

Leider rutschen wir auch als Erwachsene häufig in diesen kindlichen Modus, verlieren die Perspektive aus den Augen und machen uns Vorwürfe für Dinge, die wirklich nicht der Rede wert sind.

Sie können Ihr Selbstmitgefühl verbessern, indem Sie bewusst die Perspektive wechseln. Immer wenn Sie sich dabei ertappen, wie Sie hart mit sich ins Gericht gehen, überlegen Sie sich, welche Auswirkungen Ihr Missgeschick in einem Jahr haben wird:

- Wie werde ich dieses Vorkommnis in einem Jahr bewerten?
- Wie in sechs Monaten?
- In drei Monaten?
- Und in drei Wochen?

Sie werden sehen: Dinge, die wir heute für entscheidend halten, sind in drei Monaten oder sogar bereits in drei Wochen unwichtig geworden.

Ein Perspektivenwechsel gelingt Ihnen auch dann, wenn Sie in Bezug auf das Geschehene von sich selbst abstrahieren und sich vorstellen, das Ganze wäre einem geliebten Menschen passiert. Stellen Sie sich vor, Ihre Freundin würde Ihnen diese Geschichte über sich erzählen: Was würden Sie ihr raten? Würden Sie ihr raten, sich noch tagelang darüber zu grämen? Würden Sie ihr raten, so unnachgiebig und hart zu sein, wie Sie es gegen sich sind? Wahrscheinlich nicht. Sie würden ihr raten, nachsichtig zu sein. Und Sie würden ihr vermutlich sagen, dass wir alle Fehler machen. Und was für ein wunderbarer Mensch sie ist. Stellen Sie sich vor, wie gut diese aufmunternden Worte Ihrer Freundin in diesem Moment tun!

Es gibt keinen Grund, warum wir mit uns härter ins Gericht gehen sollten als mit einem anderen Menschen. Legen Sie bei sich selbst den gleichen Maßstab an, den Sie bei jeder anderen Person anlegen.

Gehen Sie mit sich selbst genauso liebevoll und unterstützend um wie mit einer guten Freundin:

- Wie würde ich reagieren, wenn meine Freundin mir von diesem Missgeschick erzählt?
- Was würde ich über ihr Verhalten denken?
- Wie würde ich mit ihr darüber sprechen?
- Was würde ich ihr raten?

Wenn es Ihnen gelingt, nachsichtig mit sich selbst zu sein und sich von allzu strenger Selbstkritik zu lösen, haben Sie für Ihr Leben viel gewonnen. Dann können Sie auch Schwächen, mit denen Sie sich momentan schwertun, akzeptieren und werden freier und glücklicher.

Eigenliebe erlaubt

Damit sind Sie auf dem besten Weg, sich selbst zu lieben. Ja, Sie haben richtig gelesen: Eigenliebe ist erlaubt! Und sogar dringend notwendig. Denn wie können Sie frech, wild und wunderbar sein, wenn Sie sich selbst ablehnen? Wenn Sie sich für klein und unbedeutend halten und sich selbst das Recht absprechen, sich für Ihre Wünsche und Bedürfnisse einzusetzen?

Ich erlebe immer wieder, wie wenig insbesondere Frauen sich selbst und Ihre Leistungen wertschätzen. Sie gehen davon aus, dass alles, was sie geleistet und erreicht haben, selbstverständlich ist. Es schmerzt mich immer wieder aufs Neue zu sehen, wie diese wunderbaren, klugen und engagierten Frauen sich selbst abwerten. Wie sie sich hinter eine unsichtbare Mauer aus falsch verstandener Bescheidenheit zurückziehen und lieber in der Masse des Mittelmaßes verschwinden, als sich selbstbewusst hinzustellen und zu sagen: »Jawohl, das habe ich geleistet, denn ich bin gut!«

· ·

Frauen betrachten ihre Leistungen als »selbstverständlich«.
Dabei hätten sie Applaus verdient.

· ·

Wie wollen Sie Befriedigung in Ihrem Leben erhalten, wenn Sie denken, alles, was sie anpacken, sei bestenfalls mittelmäßig? Auch hier ist die Art und Weise, wie Sie über sich denken und sprechen, entscheidend. Was geht Ihnen spontan durch den Kopf, wenn Ihnen etwas gut gelingt? Machen Sie es wie Angela und sagen Sie bescheiden: »Aber das ist doch nicht der Rede wert«? Oder reden Sie Ihre Leistung sogar noch klein, indem Sie antworten: »Das ist doch gar nichts Besonderes, das hätte jede so gemacht«?

Nein! Das hätte nicht jede so gemacht. Nicht jede ist eine liebevolle Freundin wie Angela. Und nicht jede besitzt die Talente, Stärken und Charaktereigenschaften, die Sie besitzen. Denn Sie sind einmalig. Und Sie sind wunderbar. Anerkennen Sie das und lieben Sie sich dafür!

· ·

Seien Sie stolz auf sich und auf das,
was Sie im Leben erreicht haben, und zeigen Sie das auch.

· ·

Ich darf das!

»Das ist wohl etwas typisch Weibliches«, meint Elli und nimmt sich nochmals einen großen Löffel Mousse au Chocolat. »Hmmm, herrlich. Willst du auch?«, fragt sie Angela.

»Ach, ich sollte wirklich nicht.«

»Siehst du, genau das meine ich!«, ruft Michelle aufgeregt. »Ständig verbieten wir uns etwas. Ständig diese Einschränkungen. Ich darf dies nicht. Ich sollte das nicht ...«

Angela, Elli und Helen schauen sie verdutzt an. So viel Eifer hätten sie nicht erwartet. Dann sagt Helen: »Das scheint dich ja wirklich aufzuregen. Und was schlägst du vor, dagegen zu tun?«

»Wir könnten uns heute Abend ein Versprechen geben. Wir versprechen uns, dass wir künftig liebevoller und großzügiger zu uns selbst sind«, schlägt Michelle vor. Und Elli fügt hinzu: »Wir könnten uns alle einen Satz mit »Ich darf ...« aussuchen. Damit geben wir uns das Recht, das zu tun, was wir wollen.«

»Mach mal einen Vorschlag«, sagt Angela, die nicht genau versteht, was Elli meint.

Doch Helen hat ihren Satz bereits formuliert: »Ich darf mich durchsetzen«, sagt sie stolz und ihr Gesicht leuchtet.

»Ich darf Forderungen stellen«, sagt Michelle mit selbstbewusster Stimme.

»Und ich darf Nein sagen«, fügt Elli an.

Angela zögert. Schließlich sagt sie mit einem verschmitzten Lächeln: »Ich darf so bleiben, wie ich bin!«, und greift zur Schüssel Mousse au Chocolat.

Es gibt nur einen Menschen, der es Ihnen ermöglicht, frei und glücklich zu leben: sie selbst. Nur Sie können sich die Erlaubnis geben, so zu leben, wie Sie es sich wünschen. Nur Sie können sagen: »Ich darf das!«

Nehmen Sie sich die Freiheit, so zu sein, wie Sie wollen. Nehmen Sie sich die Freiheit, das zu erreichen, was Sie sich wünschen. Nehmen Sie sich die Freiheit, von den Menschen in Ihrem Umfeld das einzufordern, was Sie brauchen.

Sagen Sie laut: »Ich darf das!«, und zwar immer dann, wenn Sie dabei sind, sich Vorwürfe zu machen oder sich etwas zu verbieten:

»Ich darf glücklich sein!«

»Ich darf mich schön fühlen!«

»Ich darf mein Leben ändern!«

»Ich darf emotional sein!«

»Ich darf verhandeln!«

»Ich darf träumen!«

»Ich darf Macht ausüben!«

»Ich darf mich lieben!«

Sie dürfen! Sie dürfen frech sein, Sie dürfen wild sein, und Sie dürfen wunderbar sein. Zu jeder Zeit. Für immer. Und überall. Ohne Wenn und Aber.

12. Schritt: Lieben und achten Sie sich

Und zwar mindestens genauso, wie Sie andere lieben und achten. Behandeln Sie sich mindestens genauso großzügig, unterstützend und verständnisvoll wie Ihre liebsten Freunde. Schenken Sie sich mindestens genauso viel Zuneigung und sprechen Sie ebenso wertschätzend mit sich selbst. Loben Sie sich für Ihre Erfolge und trösten Sie sich, wenn Sie eine Enttäuschung erlitten haben. Denn Sie sind wunderbar! Erkennen Sie das an und lieben Sie sich dafür.

Wenn Frauen aufblühen

Stellen Sie sich vor, die Welt ist voller frecher, wilder und wunderbarer Frauen. Frauen, die wissen, dass sie klug, wertvoll und bezaubernd sind. Die keine Schuldgefühle haben, nur weil sie nicht perfekt sind, die sich nicht für Nichtigkeiten schämen, sondern die stolz sind auf sich und auf das, was sie erreicht haben. Frauen, die sich alles vom Leben holen, was sie sich wünschen, die ihren Sehnsüchten folgen und ihre Träume leben. Frauen, die machtvoll handeln, sich bewusst durchsetzen, dabei jedoch nie die Verantwortung für andere und die Rücksicht auf sie vergessen. Frauen, die lieben und harmonische Beziehungen gestalten – ohne Reue und ohne Angst, irgendwie »falsch« zu sein. Frauen, die sich und ihr Leben zum Blühen bringen.

Wie bunt die Welt dann ist, wie fröhlich und ehrlich! Wie selbstbewusst und wertschätzend wir einander begegnen! Stellen Sie sich vor, wie viel wir dann erreichen – für uns selbst und für alle Frauen.

. . . .

In jeder von uns liegen Kraft,
Schönheit und Selbstbewusstsein.
Entdecken Sie diese und bringen Sie sie zum Blühen.

. . . .

Ich hoffe, liebe Leserinnen, dass ich Ihnen mit diesem Buch wertvolle Anregungen mit auf den Weg geben konnte, wie Sie sich und Ihrem wahren Leben ein Stück näher kommen. Dabei haben Sie erst einen Teil Ihres Weges zurückgelegt. Ihre Reise ist noch lange nicht zu Ende, denn immer wieder gibt es Neues im Leben und an sich selbst zu entdecken und zu lernen. Gehen Sie Ihren Weg mit Lust und Leidenschaft weiter. Denn es geht noch besser! Ich wünsche Ihnen viel Freude dabei.

An dieser Stelle möchte ich all den Menschen danken, die mich tagtäglich in meiner Arbeit unterstützen und die dieses Buch ermöglicht haben. Da sind zunächst meine Kundinnen und Freundinnen, die mich immer wieder vertrauensvoll an ihren Erlebnissen und Erfahrungen teilhaben lassen, die mit mir ihre Freuden und Erfolge, aber auch ihre Sorgen und Ängste teilen. Ebenfalls ein großes Dankeschön gilt Esther Hürlimann für ihre konstruktiven Hinweise und das sorgfältige Lektorat sowie Monika Eginger für die professionelle Zusammenarbeit, beide vom Orell Füssli Verlag. Vielen herzlichen Dank euch wunderbaren Frauen für eure Inspiration.

Mein besonderer Dank gilt einem wunderbaren Mann, meinem Partner Philipp Sutter, der mich auch bei diesem Buch wieder mit Rat, Tat und einer wohltuenden Prise Humor unterstützt hat – und mir dabei auch gelegentliche feministische Seitenhiebe gegen das männliche Geschlecht nachgesehen hat. Merci.

Lesen Sie weiter

Bierach, Barbara: Das dämliche Geschlecht. Warum es noch immer kaum Frauen im Management gibt. Wiley-VCH, 2011.

Bradshaw, John: Wenn Scham krank macht. Verstehen und Überwinden von Schamgefühlen. MensSana, 2006.

Brown, Brené: I Thought it Was Just Me. Women Reclaiming Power and Courage in a Culture of Shame. Gotham, 2007.

Brown, Brené: Daring Greatly. How the Courage to Be Vulnerable Transforms the Way We Live, Love, Parent, and Lead. Penguin, 2012.

Bust, Leila: Weiblichkeit leben. Die Hinwendung zum Femininen. Ellert & Richter, 2013.

Dick, Andreas: Mut. Über sich hinauswachsen. Huber, 2010.

Fisher, Roger und Shapiro, Daniel: Erfolgreich verhandeln mit Gefühl und Verstand. Campus, 2005.

Helgesen, Sally und Johnson, Julie: Die bessere Hälfte. Warum nur Frauen die Wirtschaft nach vorne bringen. Campus, 2012.

Hinsliff, Gaby: Half a Wife. The Working Family's Guide to Getting a Life Back. Random House, 2012.

Jeffers, Susan: Selbstvertrauen gewinnen. Die Angst vor der Angst verlieren. Kösel, 2009.

Karmasin, Helene: Wahre Schönheit kommt von außen. Ecowin, 2011.

Kast, Verena: Der Reichtum unseres Lebens. Wie die eigene Biographie zur Kraftquelle werden kann. In: Psychologie Heute, Oktober 2010, S. 20–26.

Kerber, Bärbel: Typisch Mädchen? Typisch Jungs? In: Psychologie Heute, Juni 2011, S. 26–29.

Koch, Richard: The 80/20 Principle and 92 Other Powerful Laws of Nature. Nicholas Brealey, 2014.

Nuber, Ursula: Wer bin ich ohne dich? Warum Frauen depressiv werden – und wie sie zu sich selbst finden. Campus, 2012.

Renz, Ulrich: Schönheit. Eine Wissenschaft für sich. Bloomsbury, 2008.

Rezvani, Selena: Pushback. How Smart Women Ask – and Stand Up – for What They Want. Wiley, 2012.

Sandberg, Sheryl: Lean In. Frauen und der Wille zum Erfolg. Econ, 2013.

Schmid, Wilhelm: Dem Leben Sinn geben. Von der Lebenskunst im Umgang mit Anderen und der Welt. Suhrkamp, 2013.

Seligman, Martin: Flourish. Wie Menschen aufblühen. Die positive Psychologie des gelingenden Lebens. Kösel, 2011.

Wardetzki, Bärbel: Weiblicher Narzissmus: Der Hunger nach Anerkennung. Kösel, 2012.

Wüst, Petra. Profil macht Karriere. Mit Self Branding zum beruflichen Erfolg. Orell Füssli, 2010.

Wüst, Petra: Schüchtern war gestern. Der Schlüssel zu mehr Ausstrahlung, Selbstvertrauen und Lebensfreude. Orell Füssli, 2012.

Weitere Titel von Petra Wüst aus dem Orell Füssli Verlag

Petra Wüst

Schüchtern war gestern

**Der Schlüssel zu mehr Ausstrahlung,
Selbstvertrauen und Lebensfreud**e

Schüchtern sein gilt als Handicap in einer Gesellschaft, wo der souveräne Auftritt das Maß aller Dinge ist. Wer sie überwinden und doch echt auftreten will, setzt auf die Rezepte von Brand-Spezialistin Petra Wüst.

Wer sich in der Gesellschaft behaupten will, braucht ein gesundes Maß an Selbstprofilierung und Selbstbehauptung. Nicht arrogant oder prahlerisch, aber selbstbewusst und zielsicher. Petra Wüst bereitet ihre Leserinnen anschaulich und unterhaltsam auf die Rolle ihres Lebens vor. Sie lernen, ihr Selbstbewusstsein zu stärken, ihre Kontaktscheu zu überwinden und souverän auf andere zuzugehen. Sie erfahren, wie sie an Ausstrahlung gewinnen, Freundschaften aufbauen und sich im sozialen Rampenlicht natürlich bewegen. Schließlich entdecken sie auch, wie sie ihre Schüchternheit als Vorteil nutzen und sich selbst bleiben können. Mit praktischen Tipps und Checklisten für jeden Schritt auf dem Weg zum natürlichen, aber wirkungsvollen Auftritt.

240 Seiten, Klappenbroschur
ISBN 978-3-280-05477-2

orell füssli Verlag

Petra Wüst

Profil macht Karriere

Mit Self Branding zum beruflichen Erfolg

Erfolgreiche Menschen sind erfolgreiche Marken: Sie vertreten klare Werte, strahlen Vertrauen aus, stehen für Integrität und Glaubwürdigkeit. In Zukunft wird dies jedoch nicht mehr reichen. Die Wirtschaftskrise verändert das Wertesystem, verlangt werden zusätzliche Qualitäten: Mehrwert, soziales Engagement und nicht zuletzt eine Portion neuer Bescheidenheit.

Petra Wüst beleuchtet die aktuellen Trends des Self Branding. Sie zeigt, wie man starke persönliche Marken zukunftsgerichtet und nachhaltig aufbaut. Und wie man sich online richtig präsentiert. Damit das eigene Profil auch in einem dynamischen Umfeld unverwechselbar bleibt.

188 Seiten, gebunden
ISBN 978-3-280-05370-6

orell füssli Verlag